ISLAM,
L'AUTRE VISAGE

« *Espaces libres* »

EVA DE VITRAY-MEYEROVITCH

ISLAM, L'AUTRE VISAGE

*Entretiens avec Rachel
et Jean-Pierre Cartier*

Albin Michel

Albin Michel
■ *Spiritualités* ■

*Collections dirigées
par Jean Mouttapa et Marc de Smedt*

Première édition :

Critérion, 1991

Édition au format de poche :

© Éditions Albin Michel, S.A., 1995
22, rue Huyghens, 75014 Paris

ISBN 2226-07753-7
ISSN 1147-3762

INTRODUCTION

Lorsque nous avons pénétré dans son bureau pour y commencer ces entretiens, notre regard a été immédiatement attiré par un gros livre relié placé bien en vue en plein milieu de sa table de travail, un de ces livres dont on a envie de caresser longuement la reliure avant de s'y plonger.

« Il m'est arrivé ce matin », nous a-t-elle dit, et, sous la neutralité du ton, nous avons senti percer une certaine fierté. Fierté bien légitime, car il s'agissait là d'une œuvre à laquelle Eva de Vitray-Meyerovitch avait consacré, pendant dix années, toutes ses forces et tout son talent : le *Mathnawî* de Djalâl-ud-Din Rûmî. 50 000 vers d'une singulière beauté qui n'avaient jamais encore été traduits en français, un immense chant d'amour, le cœur à cœur d'un des plus purs mystiques de l'humanité et de son Dieu. Plus qu'un livre, une véritable piste d'envol, ce que Rûmî lui-même nous suggère en disant :

« Je n'ai pas chanté le *Mathnawî* pour qu'on le porte sur soi, qu'on le répète, mais pour qu'on mette ce livre sous ses pieds et qu'on vole avec lui. »

Voici plusieurs années déjà qu'un malin hasard semblait vouloir nous placer sur le chemin d'Eva de Vitray-Meyerovitch. Ce fameux hasard en lequel, Rachel et moi, nous voyons volontiers la Providence. Nous l'avions rencontrée chez le cheikh Ben Tounès alors que nous étions en train d'écrire *Les Prophètes d'aujourd'hui*. Ce qui nous a donné l'idée de nous plonger dans ses œuvres et de découvrir à travers elles et avec un intense enthousiasme les trésors de la littérature mystique musulmane. Découverte qui, aujourd'hui encore, est une des sources de notre joie.

Tout naturellement, lorsque nous avons écrit *Femmes de lumière,* nous avons eu envie de demander à Eva de Vitray-Meyerovitch ce qu'elle pensait du thème de notre livre. Et tout naturellement encore, l'entretien que nous avons eu avec elle nous a laissé sur notre faim. Nous avons découvert en cette femme si savante une telle qualité de cœur, une telle ardeur dans la quête, un tel amour pour les mystiques musulmans et, bien évidemment, pour son cher Rûmî que, peu à peu, l'idée du présent livre s'est imposée à nous.

La guerre du Golfe était alors sur le point d'entrer dans sa phase militaire, l'air que nous respirions était chargé de peurs et de malaise et aussi, chez certains, d'une étrange exaltation guerrière. Rachel et moi, nous étions alors désemparés en sentant monter autour de nous une vague de méfiance et de haine envers l'Islam. Les périodes de tension telles celles que nous connaissions alors sont propices aux simplifications grossières et aux douteux amalgames. Même chez certains de nos amis, il nous arrivait d'entendre des raisonnements qui nous glaçaient l'âme : « Vous êtes vraiment par trop naïfs. Dans vos deux derniers livres, vous avez fait parler des gens qui présentent l'Islam comme la religion de la tolérance et de la pure mystique. Ouvrez enfin les yeux : le véritable Islam, celui que vous ne voulez pas voir, est celui des ayatollahs ou de Saddam Hussein, l'Islam de la haine, de la guerre sainte, une menace constante qu'il nous faut combattre si nous ne voulons pas nous laisser dévorer. »

Plus nous avancions dans la crise et plus nous avions le sentiment de vivre un insupportable malentendu. J'imagine que de nombreux chrétiens ont vécu une telle souffrance. Tous ceux qui, émerveillés, bouleversés par le message

Islam, l'autre visage

d'amour de Jésus, ont vu leurs « frères » persécuter les Juifs, brûler les hérétiques, prêcher les croisades ou réduire en esclavage, au nom du Christ, des populations sans défense.

Nous dont le cœur s'embrasait en lisant les chants admirables de Rûmî, d'Al Halladj ou d'Ibn Arabî, nous savions bien que l'Islam, dans sa profondeur, ne pouvait être celui des intégristes. Pas plus que le véritable christianisme ne peut être celui des grands inquisiteurs d'autrefois ou des intégristes d'aujourd'hui. Nous savions bien, pour parler comme Carlo Carretto, que si la théologie divise, la mystique unit les hommes de toutes les traditions et qu'à un certain niveau d'être, tous les « croyants » vivent la même expérience.

Ces entretiens avec Eva de Vitray-Meyerovitch ont été pour nous des moments véritablement privilégiés. Pour nous qui sommes chrétiens et qui nous sentons à l'aise dans notre tradition, cela a été un bonheur que de rencontrer, auprès de cette femme exceptionnelle, cet Islam que nous aimons, l'Islam des mystiques. L'Islam de la tendresse.

I

Avant même d'avoir eu le temps de réfléchir, la première question qui s'est levée en nous, Eva de Vitray-Meyerovitch, est la suivante : comment une jeune femme née dans l'aristocratie française et élevée chez des religieuses a-t-elle pu se faire musulmane ? Que s'est-il passé et pourquoi ?

Je ne suis pas la seule à avoir fait ce périple. J'ai plusieurs amis et amies qui, élevés comme moi dans le plus traditionnel des catholicismes, ont été attirés par l'Islam. Mon chemin n'est donc pas aussi extraordinaire que vous avez l'air de le penser.

Je crois que j'ai été très influencée par une de mes grands-mères qui était d'origine écossaise et de religion anglicane. Elle s'est convertie au catholicisme pour épouser mon grand-père. Elle m'a souvent dit qu'à ses yeux, passer de la « high church » au catholicisme avait consisté tout simplement à accepter le pape, ce qui n'était pas grand-chose.

Elle s'est donc convertie pour se marier ?

Mon grand-père tenait tout de même à se marier à l'église. Ce qui m'a toujours frappée chez ma grand-mère, c'est qu'elle était d'une honnêteté foncière. Il y avait en elle ce puritanisme que j'ai d'ailleurs eu l'occasion d'admirer chez d'autres. L'idée était de ne jamais tricher. Au point que chez elle, le mensonge le plus innocent était considéré comme quelque chose de très grave. Je crois que ça m'a beaucoup influencée.

J'ai vécu une enfance très catholique. J'allais au mois de Marie avec ma grand-mère, j'ai fait ma première communion. Je crois pouvoir dire que j'ai été une petite fille très pieuse. Je n'imaginais d'ailleurs pas qu'on puisse être autrement.

Vous avez été élevée chez des religieuses ?

En partie. Des religieuses laïcisées après la loi de 1905 sur les congrégations. Je dois dire qu'elles étaient assez embêtantes.

À Paris ?

D'abord à Boulogne, dans un pensionnat pour jeunes filles du monde. Plus tard, ma mère s'est remariée et s'est installée à Paris. J'ai donc continué mes études dans un collège situé près de Notre-Dame. Une pépinière de jeunes filles de bonnes familles où l'atmosphère était très traditionnelle.

Vous en avez souffert ?

Pas vraiment. En fait, cela ne me gênait pas trop parce que, pour moi, la foi allait au-delà de ce conformisme, de ce moule dans lequel on voulait nous couler. On allait à la messe et, en sortant, on allait acheter des gâteaux chez le pâtissier. Des choses de ce genre mais moi, je vivais autre chose. À 18 ans, je m'imaginais que je voulais être carmélite. Je pense aujourd'hui que j'aurais été une très mauvaise carmélite.

J'ai continué mes études, fait un bachot latin-grec, puis

Islam, l'autre visage

une licence de Droit. J'ai commencé ensuite un doctorat de philosophie mais j'anticipe sur l'avenir...

Et pendant vos études, vous étiez toujours une jeune fille bien catholique ?

Non, car le catholicisme qu'on m'avait enseigné me posait beaucoup de problèmes.

À quelle époque, à peu près ?

Dans les années 25 à 30. Je souffrais du conformisme ambiant et lorsqu'il m'arrivait de parler de mes problèmes à des prêtres, ils me répondaient invariablement qu'il n'était pas bien d'avoir des doutes et qu'il me fallait prier le Seigneur de me les enlever. En fait, ils ne me répondaient rien de satisfaisant. Leur autoritarisme me mettait d'autant plus mal à l'aise qu'avec mon désir de ne pas tricher, il m'était impossible de mettre entre parenthèses toutes les choses qui me gênaient. Si bien que j'avais le sentiment de ne pas pouvoir être vraiment fidèle à ma tradition.

Lorsque j'ai eu 18 ans et que j'ai commencé à faire de la philo, ce malaise que je ressentais est devenu insupportable. J'avais le sentiment que pour satisfaire un besoin d'expérience religieuse, il me fallait mettre de côté tout ce qui me gênait. Il y avait là-dedans quelque chose d'impur. Un peu l'équivalent d'un amour physique qui ne serait pas accompagné d'un amour tout court.

Que mettiez-vous donc entre parenthèses ?

Toute une dogmatique de l'Église catholique. J'avais tout de même fait assez d'histoire pour lire celle des conciles et pour savoir, par exemple, que les premiers textes des Évangiles que nous possédions dataient du IVe siècle et qu'il s'agissait de traductions de traductions. J'avais fait assez de grec pour savoir qu'il peut y avoir une très grande différence entre une expression hellénistique et une expression d'origine sémitique.

Par exemple ?

Par exemple ce terme si important de « Fils de Dieu ». En grec le terme utilisé signifie vraiment le vrai fils, l'enfant tandis que chez Isaïe, il signifie le serviteur. Ce n'est pas du tout la même chose. Il y avait là quelque chose de très flou qui a été durci par des déclarations conciliaires que j'avais du mal à admettre.

Pour rester dans ma « communauté », il m'aurait fallu, comme je vous l'ai déjà dit, mettre tout cela entre parenthèses et je ne le pouvais vraiment pas. J'ai rencontré il n'y a pas si longtemps un jeune prêtre très sympathique qui m'a fait cette étrange déclaration : « Je me sens profondément chrétien mais lorsque je dis la messe, je ne crois pas à la transubstantiation. » Moi, si j'étais prêtre, je préférerais me jeter par la fenêtre plutôt que de dire la messe sans croire à la transubstantiation.

Peut-on dire alors que vous étiez surtout gênée par les dogmes ?

On peut le dire. J'avais du mal à supporter l'autoritarisme de l'Église et il m'arrivait de me poser des questions de ce genre : « De quel droit l'Église proclame-t-elle, en 1943, je crois, le dogme de l'Assomption ? »

À mes yeux, l'Église a le droit de porter des jugements de valeur mais pas des jugements de fait. Pour vous donner un exemple, quand s'est-elle trompée : quand elle a condamné Galilée ou quand elle l'a réhabilité ? Tout cela me gênait atrocement et je me disais de plus en plus souvent : « Si je

Islam, l'autre visage

reste parce que j'ai envie d'aller communier le dimanche matin, c'est tricher. C'est parfaitement impur. »

Mais en même temps, lorsque vous alliez communier, vous viviez quelque chose de profond ?

Il m'est difficile de me rappeler quels étaient mes sentiments à l'époque, mais je crains bien que ça n'ait été un peu sentimental. J'étais parfaitement sincère mais, sans le savoir tout à fait, j'éprouvais surtout le besoin d'une expérience religieuse.

Vous étiez une jeune fille qui se posait beaucoup de questions.

Je ne cessais de m'en poser.

Vous aviez un directeur de conscience ?

Pas spécialement. J'allais me confesser un peu n'importe où mais chaque fois, j'étais un peu attristée de ces continuelles restrictions mentales, de toutes les choses que je ne pouvais pas dire. Même aujourd'hui... J'ai eu l'occasion, récemment, d'avoir une conversation avec un théologien important. Vous me direz que cinquante ans ont passé depuis mes doutes de jeune fille et qu'il y a eu Vatican II, mais tout de même, j'ai été tout à fait stupéfiée d'entendre ce prêtre me dire, en réponse à une de mes questions : « Mais qui croit encore vraiment au purgatoire, à l'enfer ou au péché originel ? À mes yeux, ce sont des inventions de théologiens pour expliquer les lacunes de la nature humaine. »
Tout de même, face à cet homme brillant et qui n'est pas du tout critiqué dans son Église, je n'ai pu m'empêcher de me demander : « Mais que reste-t-il s'il évacue tout cela ? Il

se débarrasse de tout ce qui le gêne. » Moi je ne pouvais pas me débarrasser de ce qui me gênait.

Vous auriez vu cela comme une malhonnêteté intellectuelle ?

Peut-être pas mais j'aurais certainement eu l'impression de faire semblant. Aller communier dans ces conditions m'aurait semblé impur. C'est pourquoi j'ai préféré tout laisser tomber. J'ai coupé radicalement.

Tout de même, ce besoin d'expérience religieuse restait toujours au fond de vous.

C'est sans doute pour cela que j'ai trompé un peu ma faim en lisant les mystiques. J'ai fait aussi un peu de sanscrit et j'ai beaucoup étudié la philosophie indienne, mais cela ne m'a pas comblée non plus. J'ai senti tout de même un peu plus de liberté parce qu'au moins, il n'y avait pas de clergé, pas de hiérarchie pour me dire : « Hors de l'Église, pas de salut. »
J'ai insisté, je me suis plongée par exemple dans la *Bhagavad Gîta* qui est resté un de mes livres de chevet. J'ai aussi étudié le bouddhisme, mais tout cela est tout de même resté un peu en dehors de moi. Un peu livresque. J'avais beaucoup d'admiration pour le bouddhisme, pour sa compassion universelle, pour l'amour des animaux, pour l'absence de dogmes, mais tout cela restait un peu loin. D'autant plus que si j'avais fait un peu de sanscrit, je ne connaissais rien du pali ou du tibétain. Pour faire les choses sérieusement, il m'aurait fallu aller au Tibet pour étudier avec des maîtres, ce qui m'était alors tout à fait impossible.

Peut-être n'était-ce pas votre appel ?

Ce n'était en tout cas pas ma destinée. J'ai une amie qui est bouddhiste et qui est une femme tout à fait exceptionnelle, mais elle a vécu au Népal, elle est allée au Tibet et a eu d'éminents maîtres tibétains. Cela m'était d'autant plus difficile que je me suis mariée alors que je n'avais que 22 ans, bien avant la guerre.

Mon mari avait le même âge que moi et nous étions tous les deux étudiants, tous les deux passionnés par les études. Il préparait un diplôme d'ingénieur et moi un doctorat avec, pour sujet de thèse, « la symbolique chez Platon ». J'ai d'ailleurs dû faire trois ans d'études de psychiatrie pour essayer d'établir une discrimination entre la pensée symbolique normale et la pensée symbolique pathologique. C'était un beau sujet que j'ai d'ailleurs finalement abandonné pour traiter de philosophie musulmane.

Nous y reviendrons. Ce qui nous frappe chez vous, c'est que vous avez été toute votre vie une étudiante acharnée. Vous semblez être née pour étudier.

J'adore ça. Je crois que le plus beau cadeau qu'une bonne fée puisse faire à un enfant, c'est de lui donner la curiosité. Tout m'intéresse et moi qui suis déjà très vieille, je pense que la vieillesse, c'est de se dire : jamais je n'apprendrai le chinois ou la physique nucléaire. Même l'apprentissage des choses manuelles me passionne. J'aurais voulu faire de la poterie ou de l'ébénisterie.

Vous n'allez tout de même pas apprendre la physique nucléaire maintenant ?

Sûrement pas, ne serait-ce que parce que j'ai toujours été incapable de résoudre la moindre équation ! Je dis cela pour vous expliquer que la vieillesse, à mes yeux, commence lorsqu'on perd la curiosité. Je suis encore d'une curiosité passionnée.

D'ailleurs si je ne suis pas une physicienne, j'ai rencontré de près d'éminents physiciens nucléaires. Avant la guerre, j'ai travaillé comme jeune administrateur au laboratoire de Frédéric Joliot-Curie qui, avec sa femme Irène, avait obtenu le prix Nobel en 1935 pour leur découverte de la radioactivité artificielle. J'ai vécu là une période extraordinaire.

Vous n'étiez pourtant pas scientifique ?

Pas du tout. D'ailleurs Joliot me taquinait toujours en me disant : « Ah ! Vous les pauvres littéraires ! Je peux lire Shakespeare aussi bien que vous, mais vous, vous ne pouvez pas comprendre le calcul différentiel. » Je baissais le nez en disant : « C'est bien vrai, monsieur ».

Nous étions très copains. Sa femme et lui étaient adorables. Ils étaient au Collège de France, tout près de chez moi car j'habitais déjà ici, dans cet appartement qui m'a toujours servi au moins de pied-à-terre et où ont toujours été mes livres. A cette époque, Frédéric Joliot était en train de travailler sur la bombe atomique. Je me souviens qu'il ne cessait de réclamer au ministre de la Guerre un périmètre dans le Sahara pour faire les premiers essais. Mais toujours, le ministre l'envoyait promener.

Le 11 mai 1940, il m'a téléphoné ici en me disant : « Je ne peux rien vous dire. Les Allemands sont aux portes de Paris. Prenez votre fils, votre argent, vos bijoux si vous en avez et venez vite. Il y a une voiture qui va vous emmener loin de Paris. » Dans cette voiture, il y avait la seule et unique bouteille d'eau lourde qui existait à l'époque. J'ai appris plus tard que la consigne était de se suicider plutôt que de dire ce que c'était. Moi, on aurait toujours pu me questionner car je ne savais rien.

La voiture m'a déposée dans le Loiret, chez une de mes amies d'enfance qui est devenue, par la suite, la belle-mère de mon fils aîné.

II

Vous voilà donc plongée dans la guerre, en fuite et avec un bébé sur les bras. Votre mari était au front ?

Il était en train de faire son service militaire lorsque la guerre a été déclarée. Après la défaite, il s'est engagé dans les Forces Françaises Libres et j'ai été quatre ans sans nouvelles de lui. Joliot était en Amérique et je n'avais plus de travail à Paris. J'ai donc vécu seule avec mon bébé en Corrèze, tout près de Brive. J'y suis restée toute la guerre, j'ai vu passer la division qui a massacré les gens d'Oradour.

Vers les débuts, en plein milieu de la nuit, j'ai eu la visite de la Gestapo. Ils recherchaient mon mari parce que, tout de suite après l'armistice, il était resté quelque temps à Brive avant de partir pour l'Espagne et Londres. Il avait donc eu une carte d'alimentation, ce qui a permis aux Allemands de retrouver sa trace.

Les gens me demandent souvent si je crois au miracle. Eh bien ! oui, j'y crois parce que cette nuit-là, j'en ai vécu un. Il était trois heures du matin lorsque la Gestapo est arrivée. Les braves gens chez qui j'habitais étaient partis à un mariage. J'étais seule dans la villa avec mon petit garçon de trois ans.

Lorsque j'ai ouvert la porte, je me suis trouvée en face d'un type qui ressemblait à Frankenstein. Il n'avait même pas l'air méchant, c'était pire. Il portait l'uniforme avec la tête de mort et il avait un air parfaitement propre, correct et les yeux aussi vides que ceux d'un drogué. J'ai eu l'impression que si on lui avait dit : « Va couper ta mère en petits morceaux », il serait aussitôt parti le faire après avoir crié « Heil Hitler ! ». Son compagnon était un troufion de la Wehrmacht qui avait l'air très embêté de sa personne. Ils m'ont demandé où était mon mari. À ce moment-là, je me suis dédoublée. Il y avait une partie de moi qui crevait de peur. Je me disais : « Si on me prend et si on me torture, je suis peut-être capable de dénoncer des compagnons de résistance. On ne sait jamais ce qu'on peut faire et dire sous la torture. Si on me déporte, le petit va mourir et mon mari ne trouvera plus personne en revenant de la guerre. » J'étais terrifiée mais, en même temps, une autre partie de moi-même m'entendait parler dans une sorte d'argot berlinois que j'ignorais totalement. Je me souviens d'avoir prononcé cette phrase : « Mon mari, il a dû partir avec une gonzesse quelconque, mais je m'en fous. »

Mais vous connaissiez l'allemand ?

Un peu mais celui de Kant et de Hegel. Pas du tout celui des bas-fonds berlinois. Dans cet étrange dédoublement, je m'entendais parler avec stupeur et il y avait en même temps quelque chose dans mon cœur qui demandait pardon à mon mari de l'accuser ainsi. J'ai vu alors, sur le visage impassible de cet officier allemand, passer une lueur un peu humaine et il m'a dit que je parlais bien l'allemand. « Natürlich », me suis-je écriée. Sur quoi il a donné un coup de coude à son copain et il lui a dit : « Elle rigole, elle n'a rien à cacher. » Ils sont partis et je me suis retrouvée pantelante. J'ai été prise d'une telle crise de tremblement que j'ai réduit en miettes un paquet de cigarettes bien précieux pourtant parce que je l'échangeais contre du pain. Je n'ai jamais compris ce qui m'est arrivé. C'est pour cela que je crois au miracle.

Et depuis, vous n'avez plus jamais parlé l'argot berlinois ?

Jamais. D'ailleurs encore aujourd'hui, je ne sais pas comment se dit le mot « gonzesse » !

Il y avait de nombreux maquis en Corrèze. N'avez-vous pas été contactée par la résistance ?

Si, bien sûr. Nous avons caché des gens... Mais vous savez bien que je n'aime pas beaucoup parler de moi. J'ai pu voir d'assez près les horreurs de la guerre. J'ai vu, je vous l'ai dit, passer la division *Das Reich* responsable des pendaisons de Tulle et du massacre d'Oradour et la villa que j'habitais était tout près de la Kommandantur où hurlaient les gens qu'on torturait.

J'ai tout de même trouvé le moyen de sauver un officier allemand parce qu'il méritait vraiment de l'être. Je n'avais pas beaucoup d'argent à cette époque. J'appartenais à l'Éducation nationale, mais il n'y avait pas de branche de l'Éducation nationale à Brive. J'ai eu la chance de pouvoir entrer chez Philips en tant que documentaliste et, comme je n'avais pas un salaire énorme, j'avais mis une annonce dans un journal pour proposer des leçons de latin, de grec, d'anglais ou de français. Tout de suite, un officier allemand s'est présenté pour perfectionner son français. J'ai voulu refuser, mais il a eu l'air de le prendre assez mal. « Votre annonce est de ce matin », m'a-t-il dit. J'étais d'autant plus embarrassée que les gens chez qui j'habitais ne voulaient rien savoir pour recevoir chez eux un officier allemand. Il a coupé court à mes hésitations en me disant : « Il vous faudra venir à mon hôtel car, étant dans les transmissions, je dois rester près de mon téléphone. »

Je me revois arrivant à cet hôtel. J'étais toute jeune, timide. À la réception, quand j'ai prononcé le nom de l'officier allemand, la patronne m'a regardée comme si je n'étais rien du tout. Je lui ai expliqué ce qui m'arrivait, je lui ai dit que je mourais de peur et j'ai ajouté : « Si j'appelle, venez vite. »

Finalement, tout s'est bien passé. L'officier s'est montré très gentil, très courtois. Il avait un frère qui venait d'être tué sur le front russe. Nous n'avons certes pas eu de relations amicales, mais il a toujours été très correct. Il était d'origine yougoslave.

Au moment de la libération, j'ai vu qu'on le faisait monter dans un camion et je me suis portée garante pour lui. C'est ainsi que je l'ai sauvé. Je pensais qu'il fallait le faire.

Vous étiez donc bien introduite auprès de la résistance.

Un petit peu. Assez bien en tout cas pour obtenir le premier bon de transport pour me rendre à Paris. J'avais reçu en effet une carte de mon mari me disant qu'il venait d'y arriver. C'est ainsi que nous nous sommes retrouvés après quatre ans de séparation. Il avait été blessé pendant la campagne de France. Nous avions absolument tout perdu, notre appartement était vide et il nous a fallu repartir à zéro. Très vite, nous avons eu un second enfant. J'ai connu une période assez dure car, pendant la guerre, je m'étais absolument claquée en faisant tous les jours dix kilomètres à pied pour aller à mon travail. J'ai fait une anémie très sévère et je suis restée malade pendant quatre ans.

Bien entendu, cela n'a pas suffi pour éteindre en moi la soif d'étudier. J'ai trouvé le moyen de passer un concours qui était à peu près l'équivalent de l'É.N.A. d'aujourd'hui, ce qui m'a permis de choisir un des grands corps de l'État comme administrateur civil. J'ai choisi le C.N.R.S. où, tout en continuant de préparer ma thèse sur le symbolisme chez Platon, j'ai dirigé le service des sciences humaines. Plus tard, afin de disposer de plus de temps pour ma thèse, j'ai demandé mon transfert dans le cadre des chercheurs.

Les sciences humaines, à nos yeux de profanes, c'est assez vague. Pouvez-vous nous dire ce que vous faisiez exactement au C.N.R.S. ?

J'organisais des colloques, je rencontrais les gens, faisais un premier examen de leurs candidatures pour les diriger vers les commissions compétentes. Toute ma vie, j'ai eu la chance de rencontrer des gens passionnants.

Je vous ai déjà parlé de Joliot-Curie. Je l'ai retrouvé après la guerre quand il est devenu haut-commissaire à l'énergie atomique. C'est à ce moment qu'on a décidé que pour le remplacer au C.N.R.S., il y aurait deux directeurs, l'un pour les sciences exactes et l'autre pour les sciences humaines. J'ai été l'adjointe du directeur des sciences humaines et, lorsqu'il est mort en 1954, je l'ai remplacé à la tête de ce service. J'ai assumé cette direction d'une façon un peu bizarre car c'était un poste auquel, administrativement, je n'avais pas droit. J'occupais le bureau du directeur, je faisais fonction de... C'était très absorbant. Tellement que je n'avais plus de temps pour ma thèse. C'est en me rendant compte de cela que j'ai demandé à être versée dans le cadre des chercheurs.

Être une femme ne vous a jamais posé de problèmes dans ces milieux-là ?

Pas du tout. C'était beaucoup moins difficile chez les fonctionnaires que dans le privé. D'abord, nous avions le même salaire que les hommes. Il faut dire qu'à l'époque, il n'y avait pas beaucoup de femmes qui faisaient ce que je faisais. Quand j'ai passé ma licence en droit, j'ai été la première de ma promotion. Évidemment, cela m'arrangeait un peu vis-à-vis des garçons mais il faut dire que j'ai toujours beaucoup travaillé.

Vous êtes restée longtemps au C.N.R.S. ?

Jusqu'à la fin de ma carrière. Mais je ne suis pas toujours restée à mon bureau, j'ai eu des détachements successifs.

Par exemple ?

En 69, par exemple, comme je connaissais bien le monde arabe, j'ai été détachée pour cinq ans comme professeur à l'université de Al Ahzar au Caire. J'y ai enseigné la philosophie comparée. Je prenais un thème, la notion du temps par exemple, et j'examinais comment il avait été traité par la philosophie occidentale et par la philosophie orientale. C'était passionnant.

L'Égypte à ce moment-là était un paradis. Vous ne pouvez pas imaginer ce qu'était le Caire il y a vingt ans. Je vivais chez des amis égyptiens, je traduisais Rûmî et sous mes fenêtres, je voyais le Nil et les bateaux qui avaient encore les mêmes voiles qu'au temps des Pharaons. Depuis, on a construit d'infâmes gratte-ciel.

C'était la douceur de vivre. On pouvait flâner. Et puis, il y avait la gentillesse égyptienne. Elle existe toujours mais maintenant, les Égyptiens ont trop de problèmes économiques, une démographie galopante, des embouteillages insupportables. La vie est devenue trop difficile. Certaines de mes étudiantes d'alors sont restées mes amies.

Je suis rentrée en France en 73 et à partir de là, j'ai eu énormément de missions à l'étranger. En Libye, au Koweit, en Arabie séoudite et de nouveau en Égypte.

En quoi consistaient ces missions ?

Islam, l'autre visage

La plupart du temps, j'étais chargée de faire des conférences dans ces pays.

Des conférences sur quoi ?

Cela dépendait. Au Koweit, on m'a demandé de faire des conférences sur l'Islam ; en Libye sur le soufisme. Ou bien une comparaison entre les philosophies occidentale et orientale. Je suis allée en Iran au temps du Shah, au Soudan, au Maghreb et en Turquie des quantités de fois.

La Turquie a d'ailleurs toujours été pour moi un pays de prédilection. Je suis allée au moins dix fois à Konya. Mais je suis allée aussi dix fois au Maroc et quinze fois en Algérie. En même temps, j'écrivais ou je traduisais des livres. Je crois bien en avoir sorti au moins une quarantaine.

Parlez-nous un peu de vos livres. Quel a été le premier ?

Des traductions d'anglais qui étaient, il faut bien le dire, des traductions alimentaires. Après la guerre, mon mari était encore étudiant et, je vous l'ai dit, nous n'avions plus rien. Nous n'avions même plus de compte en banque. J'essayais de ne pas prendre n'importe quoi, seulement des choses qui m'intéressaient. Des livres de sociologie, un livre sur la Chine qui a paru chez Payot. Je travaillais le jour et, la nuit, je me mettais aux traductions.

J'ai aussi écrit personnellement un livre sur Henry VIII qui m'avait été demandé par Julliard parce qu'il savait que j'étais angliciste et intéressée par l'histoire de l'Angleterre. Ce livre s'inscrivait dans une collection dirigée par Georges Pernoud et qui s'appelait : « Il y a toujours un reporter ». Il a été traduit en allemand et en finlandais.

Vous vous intéressiez tout particulièrement à Henry-VIII ?

Non. C'est Georges Pernoud qui me l'avait proposé. Il recherchait un bon angliciste. Vous savez, l'anglais du temps d'Henry VIII est un peu comme le français du temps de Charles V. Je peux le dire car j'ai aussi écrit un livre sur Christine de Pisan, ce qui m'a permis de comparer. J'ai été nourrie de littérature anglaise. Avec ma chère grand-mère dont je vous ai tant parlé, j'ai appris l'anglais avant le français.

Mais Henry VIII n'était tout de même pas un personnage...

Absolument pas. C'était Barbe Bleue. Un vilain monsieur mais l'époque était passionnante. Il y avait Thomas More. Et puis, sous Elizabeth, cette tradition d'hermétisme, les alchimistes. Et aussi cet extraordinaire personnage que fut le cardinal de Cues. Ce cardinal allemand qui, dès 1437, préconisait la réunion d'un concile entre juifs, chrétiens et musulmans. Il lisait le Coran en arabe et il a écrit des pages absolument ahurissantes. Celles-ci par exemple :

« Quand le Coran dit qu'il ne faut pas dire Fils de Dieu, il a bien raison parce que ça prête à confusion. Quand le Coran dit : " Quand vous parlez de Dieu, ne parlez pas de Trinité ", il a bien raison parce que les gens croient que c'est trois Dieux. »

Il y a des milliers de malheureux qui ont été brûlés pour bien moins que cela.
Il y a eu aussi Marsile Ficin, Arnaud de Villeneuve et certains alchimistes qui se trouvaient très proches des principes de l'Islam. Tout ce mouvement a été complètement étouffé au XVe siècle par l'horrible pape Borgia.
Malgré tout, ce courant hermétique a continué au cours

Islam, l'autre visage

des siècles à cheminer souterrainement pour resurgir à la fin du siècle des Lumières et s'épanouir dans le romantisme allemand.

Cela me rappelle qu'il y a quelque temps, le supérieur d'une abbaye bénédictine est venu me voir. Il m'avait écrit une aimable lettre, d'une belle écriture violente, me disant qu'il faisait un livre sur la mystique musulmane et qu'il voulait conférer avec moi. Je me suis sentie d'autant plus flattée qu'il venait à Paris tout exprès pour me voir. J'ai vu arriver un Bénédictin assez froid d'abord, très calé et, très vite, nous avons discuté très fraternellement. À la fin, je lui ai dit : « Mon père, ne croyez-vous pas qu'il est tout de même dommage que tant de rendez-vous aient été manqués avec l'Histoire ? Il y a eu les Templiers, les Elisabétains, les précurseurs de Shakespeare avec tout cet universalisme qui a été occulté. » Il a eu un bon sourire et il m'a dit : « La seule chose qui me console, madame, c'est de penser que nous disons tous la même chose. »

Tous les Bénédictins ne diraient pas la même chose. Nous en connaissons qui sont rudement obscurantistes.

Cela dépend du Père Abbé. Personnellement, j'ai des tas d'amis bénédictins. Ils sont en général très ouverts.

Nous avons un peu parlé de votre vie personnelle et, ce faisant, nous avons largement anticipé. J'aimerais que nous revenions un peu en arrière et que vous nous parliez de votre rencontre avec l'Islam.

III

Pour parler clairement de ma rencontre avec l'Islam, il me faut remonter jusqu'à l'immédiate après-guerre. J'avais vu beaucoup de choses affreuses pendant la guerre et cela m'avait amenée à me poser beaucoup de questions sans jamais trouver de réponses. Pour les raisons que je vous ai expliquées, retourner à mon catholicisme d'origine aurait été pour moi une fuite.

Je n'en étais pas moins assoiffée d'absolu et très mal dans ma peau. Je ne peux pas dire que je priais puisque je ne croyais pas encore à grand-chose. C'était plutôt comme le S.O.S. qu'un bateau lance dans la nuit en se demandant si quelqu'un va l'entendre.

Ma demande à moi a été entendue alors que j'étais déjà au C.N.R.S. J'étais dans mon bureau directorial — faussement directorial, mais directorial quand même — lorsque j'ai vu arriver un de mes bons amis que je n'avais pas vu depuis quinze ans. C'était un musulman très connu avec qui j'avais fait du sanscrit autrefois. Entre parenthèses, je garde un souvenir extraordinaire de cette période au cours de laquelle j'ai eu le privilège de dîner aux côtés de Gandhi et de rencontrer des tas de gens passionnants. Parmi eux, il y avait cet ami qui était alors un étudiant indien, un homme merveilleux ancien élève d'Einstein.

Après son retour en Inde, nous avons continué à nous écrire de temps en temps. J'avais appris qu'il était devenu recteur de l'université d'Islamabad et qu'il avait quatre enfants. Et voici que, soudain, après toutes ces années, je le vois arriver dans mon bureau. Il avait eu beaucoup de mal pour me trouver.

Nous avons longuement parlé. Il devait équiper ses laboratoires et, comme il avait gardé un bon souvenir de la France, il avait voulu lui donner la préférence pour ses commandes. En me quittant, il m'a tendu un petit livre en me disant : « Je sais que vous avez toujours été intéressée par les questions religieuses. Lisez donc ce livre, c'est le grand œuvre de notre grand maître Iqbal. » J'ai dit : « Merci beaucoup, cher ami. » Et j'ai laissé le livre sur ma table où il a été très vite recouvert par des papiers. J'étais vraiment très occupée alors.

Un peu plus tard, j'ai enfin ouvert ce fameux livre. J'ai vu qu'il s'intitulait : *Reconstruire la pensée religieuse de l'Islam* et qu'il était en anglais. Je voulais juste le survoler mais dès les premières pages, j'ai été passionnée. J'ai eu soudain le sentiment qu'il répondait à toutes mes questions. J'y trouvais cet universalisme tant désiré, cette idée que, fondamentalement, la Révélation ne peut être qu'une, que deux et deux font quatre partout et que ces chiffres recouvrent toujours une seule et même vérité, qu'ils soient en caractères aztèques, chinois ou arabes. Oui, une seule vérité. Le Coran ne dit pas autre chose.

J'ai tellement aimé ce livre que j'ai aussitôt entrepris de le traduire. Tellement aimé Iqbal et un certain Rûmî dont il parlait sans cesse.

Vous dites cela si simplement, mais c'est tout de même extraordinaire. On dirait que le seul fait d'avoir lu ce livre d'Iqbal a fait d'un coup basculer toute votre vie. Nous aimerions bien en savoir un peu plus sur cet Iqbal et sur son livre.

Islam, l'autre visage

Vous savez, il faut déjà être prêt pour qu'une rencontre ou un livre puissent faire basculer votre vie. J'étais déjà sur une voie de libre examen, d'interprétation personnelle, de recherche individuelle et j'ai trouvé tout cela concrétisé chez un grand penseur. Et puis j'ai été heureuse de constater que je n'étais pas seule, perdue dans une voie de traverse mais que je me trouvais située, sans le savoir, dans une grande tradition. Et cela sans avoir rien à renier. Je ne reniais ni la Thorah, ni l'Évangile. Je laissais simplement de côté ce qui m'avait toujours agacée, les décisions conciliaires, dogmatiques de messieurs réunis à Rome pour décider que Dieu est comme ceci ou comme cela.

Jusqu'ici, j'avais été mal à l'aise. Je me demandais pourquoi je m'arrogeais le droit de critiquer ainsi des choses établies depuis si longtemps. Quand j'ai compris qu'un quart de l'humanité pensait comme moi, je me suis sentie du coup moins farfelue. En fait, j'ai trouvé une réponse claire à toutes les questions que je me posais. Ou si vous préférez, ce livre a été un coup de pouce. Je n'avais aucune idée de ce que pouvait être l'Islam. J'ai entendu Garaudy dire un jour qu'on pouvait faire un doctorat de philosophie sans avoir jamais entendu parler des penseurs arabes. C'est tout à fait vrai et il y a bien là une sorte de scandale. À cette époque, on potassait Kant, Hegel et des tas d'autres philosophes mais surtout pas les Arabes. C'est pour cela que ma découverte de l'Islam à travers le livre d'Iqbal a été pour moi un tel événement. Je n'avais soudain plus rien à mettre entre parenthèses. Il n'y avait plus personne pour me dire : « Si tu ne crois pas cela, tu n'es plus dans la ligne. » Quel soulagement !

Vous nous donnez envie d'en savoir plus sur Iqbal.

Je pourrais vous en parler pendant des heures. Il est l'un des fondateurs spirituels du Pakistan, un très grand philosophe, un très grand penseur, un juriste et un poète qui a écrit avec un égal bonheur en persan, en anglais et en ourdou. Il est considéré comme un des grands réformateurs de l'Islam. Il a passé à Munich une thèse sur la métaphysique en Perse. Thèse que j'ai traduite, ainsi d'ailleurs que presque toute son œuvre anglaise et persane. Je viens aussi de terminer une anthologie d'un certain nombre de ses textes importants qui m'a été demandée par l'ambassade du Pakistan.

Il a bien connu l'Occident ?

Il y a beaucoup étudié et vécu. Il a été un grand ami de Bergson et de Massignon qui a été mon maître. Il a été à Cambridge et il a fait partie de la table ronde qui a fondé le Pakistan. Son livre *Reconstruire la pensée religieuse de l'Islam* présente une vue tout à fait moderne de l'Islam, tout en restant très orthodoxe.

Vous l'avez connu ?

Non car il est mort en 1938 mais je connais très bien son fils qui m'a donné, en 1950, la permission de traduire les œuvres de son père. Je le rencontre souvent dans des congrès ou des colloques. C'est un homme très remarquable qui est à présent président de la Cour de cassation de son pays. C'est un grand bonheur pour moi de pouvoir parler avec des hommes de cette qualité parce que ce sont des gens qui possèdent une double culture : la culture occidentale dans ce qu'elle a de meilleur et leur profonde conviction religieuse. Il n'y a pas de contradiction.

Ce qui me frappe chez Iqbal, c'est une constante recherche de l'unité dans sa vision du monde. Un désir permanent de concilier les principes fondamentaux du Coran et les découvertes de la science. Son ami Bergson disait qu'il fallait

Islam, l'autre visage

apporter un supplément d'âme à la culture occidentale. C'est exactement ce qu'il voulait faire.

Il était hanté par le désarroi de l'homme du XXe siècle, se sentant perdu au sein de l'univers, par cette angoisse métaphysique dont parle Teilhard.

C'est donc un penseur pessimiste ?

Justement pas car il croit en l'homme et, d'une certaine manière, au progrès. Celui-ci peut être bon à condition que l'homme parvienne à dépasser le géocentrisme et l'anthropomorphisme médiévaux qui l'emprisonnent encore. « Aucune forme de la réalité, proclame-t-il, n'est aussi puissante, aussi vivifiante, aussi magnifique que l'esprit de l'homme. » Cet homme, il le voit devenir, au terme de l'évolution, cet homme parfait dont parlent les soufis, c'est-à-dire l'homme accompli qui sait utiliser la plénitude qu'il a acquise pour aider les hommes dans leur marche en avant.

Au terme de l'évolution... cela veut sans doute dire que le temps est pour lui une notion très importante.

Bien sûr. Il le dit lui-même, le problème du temps, comme d'ailleurs celui de l'espace, est une question de vie et de mort. « Le temps, écrit-il dans une de ses dernières lettres, est une grande bénédiction. Si d'une part il apporte la mort et la destruction, d'autre part il est la source de la création et de la fécondité. C'est le temps qui dévoile les possibilités cachées de toute chose. La possibilité de changer les conditions présentes est la plus grande valeur et la plus grande richesse de l'homme. »

Dans cette perspective, il ne peut y avoir ni racisme ni nationalisme.

C'est tout à fait juste. J'aime citer cette phrase de lui : « Il n'y a ni Afghan, ni Turc, ni fils de Tartarie. Nous sommes tous les fruits d'un même jardin, d'un même tronc. Nous sommes la floraison d'un même printemps. »

Ce sont cette ouverture d'esprit, cette tolérance innée en même temps que la profondeur de son abandon au Divin qui font de lui un authentique soufi.

Vous parlez de lui comme il vous arrive de parler de votre cher Rûmî.

Parce que je trouve entre eux une saisissante correspondance. J'ai dit un jour que Rûmî lui servit d'initiateur et de guide comme Virgile fit parcourir à Dante les espaces de son voyage céleste. Ils sont tous deux poètes, tous deux philosophes, tous deux mystiques. Tous deux, ils ont une même vision de l'évolution dont le suprême fruit doit être l'homme parfait. Tous deux sont passionnés par la science et tous deux, ils affirment que l'amour est la seule force qui meut l'univers. L'amour seul est éternel.

Ce penseur a, toute sa vie, été un éternel étudiant et un homme d'action. Il a passé une thèse de doctorat à Munich, enseigné la philosophie et la littérature anglaises en Inde et la littérature arabe en Angleterre. Tous ces contacts avec les deux mondes ont fait de lui un médiateur et lui ont très vite donné la stature d'un homme d'État. Parce qu'il était également juriste, il fut le président de la Ligue arabe créée en 1906 et membre de la conférence de la table ronde qui se réunit à Londres en 1931 en vue d'élaborer une constitution pour l'Inde. Par la suite, son œuvre a joué un rôle important dans la création de l'État pakistanais.

Il est mort à Lahore le 21 mai 1938. Quelques instants avant de mourir, un sourire aux lèvres, après avoir prononcé le nom de Dieu, il a récité ces vers :

« La mélodie envolée peut revenir ou non
La brise peut souffler à nouveau du Hedjaz ou non
Les jours du fakir touchent à leur fin
Un autre voyant reviendra ou non. »

Vous nous avez dit un jour qu'il y aurait un parallèle à faire entre la pensée d'Iqbal et celle de Teilhard de Chardin. Pouvez-vous insister un peu sur cette idée ?

Iqbal a connu personnellement le Père Teilhard. Ils ne pouvaient que s'entendre puisque la grande idée d'Iqbal, c'est que tout ce qui monte converge. Cela doit vous rappeler quelque chose. Si tout converge, cela veut dire que si vous allez jusqu'au bout de votre bouddhisme, de votre christianisme ou de votre islam, vous ne pouvez que vous retrouver dans la soumission à Dieu.

Et vous-même, vous avez connu personnellement le Père Teilhard ?

Oui, et j'ai eu le privilège de faire la première émission de radio qui lui ait été consacrée et d'écrire les premiers articles qui aient été écrits sur lui. L'Église catholique l'avait voué aux gémonies, on lui avait interdit de parler au Collège de France.

Mon premier article, je l'avais écrit pour une revue italienne et, par scrupule, avant de l'envoyer, j'étais allée voir le P. d'Oince qui avait été son directeur spirituel. Je me rappelle lui avoir dit : « Vous comprenez, je ne suis pas catholique et surtout pas théologienne. Je ne voudrais pas donner au Père Teilhard, pour lequel j'ai une grande estime, des verges pour le faire battre. » Il a lu mon article et je me souviendrai toujours de l'entretien que j'ai eu par la suite avec lui.

Il faut vous dire que j'avais été élevée comme une petite

fille bien sage en apparence, mais pas du tout conventionnelle. J'avais 12 ans lorsqu'il m'est arrivée de demander à mon confesseur s'il était mal de croire à la réincarnation. Vous imaginez sa réponse. Je posais toujours les questions qu'il ne fallait pas poser. J'ai donc demandé au Père d'Oince :

« Comment expliquez-vous que le Père Teilhard ne parle jamais de l'enfer ?
— Vous y croyez, vous ? »
— Non, mais je ne suis pas une autorité. Peut-être pourrait-on se rattraper avec l'idée du purgatoire. »

Je me souviendrai toujours de la réaction du Père d'Oince. Il m'a regardée avec un sourire gentil et un peu ironique et il m'a dit : « Madame, vous parlez comme une bonne sœur. » C'était adorable.

Puisque nous sommes sur ce sujet : à propos de l'enfer, que croit-on dans l'Islam ?

Il n'y a pas d'enfer éternel. C'est même inconcevable. Tout au plus une purification, ce qui, si vous voulez, peut correspondre au purgatoire.

Encore un petit mot sur Teilhard. Pour nous, il est un très grand personnage.

Pour moi aussi. Dans toutes les préfaces que j'ai faites, j'ai cité avec amour Teilhard de Chardin et cette parole essentielle selon laquelle tout ce qui monte converge.

Diriez-vous que c'est un bon musulman ?

Islam, l'autre visage

Un très bon musulman. Nul n'a été plus soumis que lui à la volonté de Dieu.

Donc cette découverte d'Iqbal a été pour vous essentielle ?

Tout à fait.

Peut-on dire que c'est cette rencontre qui vous a amenée à entrer dans l'Islam ?

Certainement, dans la mesure où j'étais prête. Mais tout de même, ne croyez pas que cela ait été si simple. Je me suis tout de même posé des questions. Je me suis dit qu'il était bien joli d'être émerveillée par l'Islam, mais qu'on ne change pas de tradition comme on change de chemise. Peut-être après tout n'avais-je du christianisme qu'une connaissance très mondaine, très aristocratique et très jeune fille de bonne famille. Je me suis dit que les chrétiens n'étaient pas des idiots et que j'avais peut-être tout compris de travers. Et par souci d'honnêteté, je me suis astreinte à faire, avant de décider quoi que ce soit, trois années d'exégèse.

Où êtes-vous allée ?

À la Sorbonne. J'ai suivi des cours d'exégèse avec Oscar Culmann et j'ai aussi dû faire un peu de théologie car on ne peut pas faire d'exégèse sans avoir au moins des notions de théologie. Mais je n'ai pas suivi de cours de théologie proprement dit. Oscar Culmann était protestant, professeur à la Sorbonne et à l'université de Bâle. Il était un protestant de sensibilité très catholique. Car de même qu'il y a des catholiques de sensibilité protestante, il y a des protestants de sensibilité catholique. Il était parfaitement honnête et savait très bien le grec. Nous avons travaillé sur les

Évangiles en faisant du mot à mot et j'ai fait cela pendant trois ans.

Cela ne semble pas vous avoir convaincue de la supériorité du christianisme.

Pas du tout. C'était passionnant, mais peut-être un peu trop intellectuel comme démarche. Ce n'était pas vraiment ce que j'attendais.

Bien sûr, j'ai appris des quantités de choses, mais sans cesse des objections se levaient en moi.

Par exemple ?

Par exemple, il y avait ces conciles qui, sans cesse, me gênaient parce qu'ils décidaient d'une façon autoritaire. Tout ce qui touche à la Vierge, par exemple, ne serait-ce que cette formule de « Mère de Dieu ». Cela veut dire quoi ? Il faut être clair là-dessus. Cela peut vouloir dire mère du Christ, mère de Jésus, d'accord. Mais Mère de Dieu, cela pose tout de même un problème. Mère de l'Absolu. Cela voudrait dire que sainte Anne a été la grand-mère de l'Absolu. Cette interprétation me paraissait très réductrice et manifestait bien cette espèce de hiatus qu'il y a entre le message évangélique et ce qu'on en a tiré. Il m'est souvent arrivé de me dire, au cours de ces trois années d'étude : « Vraiment, c'est tout de même voir les choses par le petit bout de la lorgnette quand on pense aux milliards d'années lumières et de galaxies. »

J'ai très vite eu le sentiment que l'Islam ne reniait rien du tout de ce qui était essentiel. Le Coran reconnaît la naissance virginale de Jésus et a un très grand respect pour la Vierge Marie. L'annonciation faite à Marie dans le Coran, c'est celle de l'évangile de Luc. Tout cela est clair mais quand vingt siècles plus tard, l'Église décide de proclamer le dogme de l'Assomption et d'imposer à ses fidèles d'y croire... C'est là où le bât me blesse.

J'ai été intéressée en constatant qu'il y a un proto-Matthieu et que l'évangile de Matthieu est bourré d'araméismes...

Mais il a été écrit en araméen.

C'est vrai mais la traduction grecque est bourrée d'araméismes. C'est un peu comme quelqu'un qui connaît mal l'anglais et qui traduit : « What is the matter ? » par : « Quelle est la matière ? »

Et puis j'ai été troublée par la façon dont on peut dater les Évangiles. Par le fait que le plus ancien manuscrit ou plutôt le plus ancien échantillon de manuscrit que nous possédons et qui se trouve au British Museum soit daté, par le carbone 14, du début du IIe siècle. Ce n'est qu'un tout petit fragment. Le reste est beaucoup plus tardif.

Finalement, pour moi, l'exégèse a posé plus de problèmes qu'elle n'en a résolu.

Donnez-nous un exemple.

Je pourrais en donner beaucoup. Pour n'en prendre qu'un : prenez l'expression Fils de Dieu. En grec, on dit : « Uios Theou. » Qu'est-ce que ça veut dire exactement ? En hébreu comme en arabe, il y a deux mots pour le mot fils : le fils selon la chair et le fils selon l'esprit. Quand vous dites à un petit garçon : « Ibni, va me chercher des cigarettes », cela ne veut pas dire qu'il est votre fils à vous. Le grec, lui, n'a qu'un mot pour fils. Il lui a bien fallu choisir mais qui nous dit que le choix est bon ? Voilà bien le type de problème qui m'intéressait, certes, mais qui ne signifiait pas grand-chose.

Je dois avouer que saint Jean de la Croix ou Rûmî me parlaient davantage.

Tout de même, vous avez fait un bel effort.

Un effort méritoire !

Vous avez donné trois ans de votre vie à un scrupule. Je trouve cela d'une honnêteté remarquable.

Je vous ai dit que j'avais une grand-mère qui était puritaine et qui m'avait appris à ne pas tricher. Il m'était impossible, comme le font tant de catholiques de ma connaissance, de mettre quoi que ce soit entre parenthèses.

J'aimerais que nous approfondissions un peu les choses. Pendant ces trois années vous avez été, si on peut dire, entre l'islam et le christianisme. Une situation idéale pour faire un parallèle entre les deux religions. Sont-elles aussi inconciliables, aussi antagonistes qu'on nous l'a appris ?

C'est une question délicate qui nous oblige à parler un peu du problème des langues. Disons d'abord que ce qui m'a beaucoup frappée, c'est que l'Islam ne récuse rien, ne renie rien et accepte toute révélation incarnée dans un livre authentique comme la Thorah et les Évangiles.

Cette question des langues est très importante. On parle toujours de la religion du livre et la religion du livre par excellence, c'est l'Islam puisqu'il est basé tout entier sur un livre. La tradition n'y tient que peu de place. Et puisqu'il n'y a pas d'Église dans l'Islam, pas de clergé, pas d'autorité chargée de dire la vérité, tout se réfère au livre. La tradition tient déjà plus de place dans le judaïsme, tandis que le christianisme est basé sur le message de l'Évangile, sur les

Islam, l'autre visage

témoignages des premières communautés et, par la suite, sur les enseignements de l'Église.

Il n'est tout de même pas fortuit que les trois grandes langues de révélation dans le monde, l'hébreu, l'arabe et le sanscrit, soient susceptibles d'être lues à plusieurs niveaux. Des amis juifs me disaient un jour que l'hébreu et l'arabe sont comme des poupées russes. Les différents sens y sont en effet imbriqués les uns dans les autres. Ils ne peuvent certes pas être contradictoires mais chacun peut les lire selon sa propre intuition et sa propre intelligence.

Selon son degré d'évolution ?

Voilà.

Je ne comprends pas très bien. Il me faudrait des exemples.

Des exemples, je pourrais vous en donner des centaines. Prenez les fameuses houris, ces femmes merveilleuses qui attendent les croyants au paradis. On peut les voir d'une façon tout à fait anthropomorphique, comme les trois grâces de Proudhon. Mais en fait, c'est un mot qui signifie aussi la grâce.

Dans le Coran, le mot qui désigne l'eau signifie à la fois H_2O mais aussi la vie, la grâce. Il est bien évident que pour un Bédouin qui crève de soif dans le désert, l'eau est à la fois H_2O et la vie, la grâce que Dieu lui envoie.

Donc les mots peuvent se lire à plusieurs niveaux. Mais n'en va-t-il pas de même dans l'Évangile ?

La différence est que dans l'Évangile, c'est la parabole qui est à plusieurs niveaux. Ce n'est pas le mot et le mot seul comme dans la Thorah ou dans le Coran. Cela vient à mon avis de ce que l'Évangile est un livre inspiré mais non pas révélé dans le sens où dans la Thorah et dans le Coran chaque lettre est révélée.

Voulez-vous un autre exemple de l'importance attachée au mot ? Vous le savez, toutes les sourates du Coran commencent par : « Au nom de Dieu clément et miséricordieux ». En réalité, c'est une mauvaise traduction mais il n'y en a pas d'autre. Le mot vient d'une racine sémitique qui veut dire la matrice. Donc Chouraqui, qui vient de faire une traduction du Coran qui est un peu du charabia mais qui a l'immense avantage de remonter aux sources, Chouraqui traduit par « un amour matriciel ». C'est sans doute exact mais ce n'est pas très beau. En réalité, cela veut dire que Dieu a pour ses créatures la même tendresse qu'une mère qui porte un enfant dans son sein.

Tous les chapitres du Coran commencent par cette formule sauf le neuvième qui est celui du repentir. Nombreux sont les commentateurs qui se sont demandé pourquoi. Tout simplement parce que dans l'idée de repentance, il y a l'idée de proximité. Donc si vous vous repentez, non pas du bout des lèvres mais dans un état de parfaite contrition, vous êtes très très proche de Dieu. Si proche qu'il n'est pas nécessaire de dire : « Au nom de Dieu clément et miséricordieux. »

C'est la seule sourate qui ne commence pas par cette formule. Vous le voyez par cet exemple, en arabe comme en hébreu, chaque lettre a son poids, chaque mot a ses sens synthétiques et multiples que chacun peut lire selon sa propre intelligence et sa propre intuition.

Dans ces conditions, il n'est pas facile de lire le Coran. Chacun peut l'interpréter à sa façon.

La règle, si l'on peut dire, est de le lire comme s'il vous était révélé à l'instant à vous-même. Je dis bien à l'instant parce que quelquefois, lors d'une seconde lecture, on peut

Islam, l'autre visage

lire tout à fait autre chose. C'est une longue manducation, ce qui me rappelle cette phrase de plusieurs de mes amis musulmans : « Le Coran, c'est notre Eucharistie. »

Peut-on dire que les musulmans comparent Mohammed à Jésus ?

Il serait plus exact de dire qu'ils comparent Mohammed à la Vierge Marie. Parce que le prophète doit être un illettré, un analphabète, c'est-à-dire qu'il doit être vierge de toute culture pour que la révélation s'inscrive en lui comme sur un disque de cire vierge et que son savoir personnel ne fasse pas écran. En revanche, on compare le Coran à la personne humaine de Jésus qui est, lui aussi, porteur d'une parole.

Vous nous avez un jour parlé du symbole de la roue. N'est-ce pas le symbole même de la tolérance du véritable Islam ?

Si vous voulez, mais pour comprendre il faut partir de l'idée essentielle d'acceptation. Alors que les autres religions portent le nom de leur fondateur ou du pays où elles sont nées, l'Islam est la seule qui se désigne par une attitude. Car Islam veut dire acceptation et même acceptation dans la paix. C'est le Salam aleikoum, « Que la paix soit avec vous. » Autrement dit l'acceptation de la volonté de Dieu.

N'est-ce pas le point commun de toutes les religions ?

Si, et c'est bien pourquoi, pour revenir au symbole de la roue, l'Islam, c'est-à-dire la soumission à Dieu, est le moyeu de la roue, le centre immuable. Cela est en effet commun à toutes les religions. Dante n'a-t-il pas dit : « Sa volonté est notre paix ? » Si vous êtes au centre de la roue, dans la soumission à Dieu, vous êtes dans la Vérité, que vous soyez chrétien, musulman, bouddhiste ou ce que vous voudrez. C'est en ce sens que de nombreux maîtres affirment que tout homme soumis est un bon musulman. A contrario, si vous restez sur la jante de la roue, vous êtes comme les mollahs fanatiques ou les intégristes catholiques.

Il faut donc aller au centre de cette remise à Dieu et lorsqu'on y arrive, on y retrouve l'autre.

C'est l'œcuménisme total.

Voilà. Au centre de la roue, il ne peut plus y avoir de fanatisme. On ne peut plus avoir l'insupportable prétention d'être le seul à posséder la vérité.

Dans mon Église, on m'a toujours présenté Dieu comme un Père. Un Père juste mais sévère. Il m'a fallu longtemps pour découvrir qu'il était aussi Mère. Comment le présente-t-on aux petits musulmans ?

Il ne peut être ni père ni mère. Je crois même qu'il serait un peu sacrilège de voir en Dieu un père comme les chrétiens ou une mère comme les hindouistes. Quand on pense à Dieu, on pense à l'Absolu. On a coutume de traduire : La ilah ila Allah, cette formule qui suffit pour faire de vous un musulman, par « Il n'y a de Dieu que Dieu ». C'est une traduction un peu simpliste. En toute rigueur, il faudrait traduire : « Il n'y a pas de réalité si ce n'est la Réalité ». Autrement dit : tout relatif est fondé par un Absolu.

Cela ne rend pas forcément les choses simples pour les musulmans. On peut dire par exemple que le christianisme est un pont qui va de l'humanité à la divinité. Donc on peut emprunter ce pont. Dans l'Islam, il n'y en a pas. L'homme est « seul devant le Seul » pour reprendre une formule de Plotin. Il est certes à l'intérieur d'une communauté, mais seul devant Dieu avec le Coran pour toute nourriture. Il n'y a pas d'anthropomorphisme possible, ce qui explique l'interdiction des statues et des images. Mes amis orthodoxes sont toujours choqués lorsque je leur dis que je ne suis pas sensible aux icônes. Je les trouve très belles mais je ne peux pas les traverser.

Vous avez dit plus haut que les Évangiles sont inspirés alors que le Coran et la Thorah sont révélés. J'aimerais que vous reveniez sur cette différence.

Dans la Thorah et le Coran, on ne peut changer une lettre. C'est en ce sens qu'ils sont dictés ou, si vous préférez, révélés.

Lorsque je faisais de l'exégèse, j'étais sans cesse frappée par le fait qu'en dehors du quatrième Évangile, les trois autres, les synoptiques, rapportent les mêmes paroles dans des circonstances tout à fait différentes. Comment était-ce possible ? Les exégètes de l'école de Tübingen en ont conclu qu'il devait y avoir, dans les premiers temps de l'Église, des florilèges des paroles de Jésus, des anthologies dont on se servait pour la catéchèse. Plus tard, une fois morts les témoins oculaires, on ne se souvenait plus exactement. C'est alors qu'on a essayé de fixer un corpus et cela explique pourquoi la rédaction des Évangiles a été si tardive.

L'une de ces anthologies a été découverte il n'y a pas très longtemps en Égypte. Je suis très au courant parce que j'étais alors au Caire pour le C.N.R.S.

En 1947, des touristes anglais qui circulaient dans le désert près du Caire ont failli avoir une attaque de nerfs en voyant des paysans brûler des parchemins pour se faire du thé. Ils se sont jetés dessus, les ont arrachés aux flammes et on s'est rendu compte plus tard qu'il s'agissait de paroles de Jésus, rapportées en copte. Des paroles qui n'étaient accompagnées d'aucune circonstance. Cette anthologie a été un peu vite baptisée le cinquième Évangile ou l'évangile selon Thomas.

Il s'agissait de parchemins avec un lien autour, un peu comme ces portefeuilles qu'avaient autrefois les maquignons. Ils étaient entreposés dans de grandes jarres chez les cénobites qui avaient dû quitter Jérusalem après la destruction de 70 après Jésus-Christ. C'était en quelque sorte la bibliothèque de ces moines qui vivaient en plein désert, dans un climat si sec qu'elle était en parfait état de conservation.

J'ai eu ces parchemins entre les mains et j'ai fait avec Henri Puech, mon ancien professeur au Collège de France, le premier compte rendu pour l'Académie des inscriptions et belles lettres. C'était tout à fait passionnant.

Selon les décomptes, il y avait 214 ou 216 logia, c'est-à-dire paroles du Christ. 212 d'entre elles se retrouvent dans les synoptiques telles quelles et sans circonstances. Deux ont été retrouvés dans des procès de Cathares et deux étaient sur un parchemin qui enveloppait du poisson que saint Augustin avait acheté à Ostie. On dirait un roman policier.

Vous voyez bien là la différence entre un livre inspiré et un livre révélé. À l'exception de ce texte copte qui n'est qu'un recueil, les Évangiles sont des biographies.

Ce qui me frappe, c'est que ces paroles de ce qu'on appelle l'évangile de Thomas sont relativement ésotériques, en tout cas difficiles à comprendre.

C'est vrai, mais on les retrouve presque toutes dans les synoptiques.

Je me demande si elles sont accessibles au commun des mortels.

Croyez-vous que Jésus soit accessible au commun des mortels si on ne le réduit pas à un simple message d'amour et de paix ?

Mais les circonstances qui entouraient les paroles les rendaient plus faciles à comprendre.

Sans doute. Quant au Coran, j'ai tout de même vu quelque chose de très curieux qui montre bien comment il a été dicté. Je vous ai déjà dit, je crois, que le Prophète était illettré et qu'il devait nécessairement l'être, qu'il devait être vierge intellectuellement comme la Vierge Marie était vierge génétiquement.

J'habitais alors au Caire chez des amis soufis adorables. J'ai vécu chez eux pendant cinq années qui ont été sans doute les plus heureuses de ma vie. Le cheikh de mon amie était en même temps celui du gardien d'un mystérieux trésor caché dans une mosquée du Caire. Il y avait dans cette mosquée une porte qui excitait la curiosité de tout le monde. Elle était vitrée, mais la vitre était cachée derrière un panneau de cuivre et elle ne s'ouvrait, disait-on, que pour les grandes personnalités. J'étais loin d'être une personnalité mais, grâce à son cheikh, mon amie a pu me faire entrer. J'ai été stupéfaite de découvrir là un des premiers brouillons du Coran. Imaginez un mètre cube environ de peaux de gazelle. Sur ces peaux était écrit avec un calame, c'est-à-dire comme à la pyrogravure, ce que le Prophète dictait dans le moment même où il le recevait. On pense que le scribe était Ali, mais on n'en est pas tout à fait sûr. Ces morceaux de peau de gazelle sont plus ou moins grands et ils se présentent comme un gigantesque puzzle. Nous avions emmené avec nous un étudiant tunisien qui a éclaté en sanglots en voyant cela. C'était très étrange. Les morceaux se suivaient sans ordre. On avait l'impression de quelqu'un qui aurait écrit un numéro de téléphone sur le dos d'une enveloppe ou un bout de papier. Le Prophète disait juste ce qui lui était dicté au moment même. C'est plus tard seulement qu'on a mis de l'ordre.

C'était lisible pour vous ?

Non, parce que je ne sais pas assez l'arabe.

J'ai vu aussi le Coran d'Osman à Istanbul. Celui-ci est très touchant parce qu'il y a une trace de sang sur une des pages : Osman a été poignardé pendant qu'il le lisait. Il y a encore beaucoup de gens qui savent le Coran par cœur. C'est difficile parce qu'il y a beaucoup de versets qui sont très semblables. C'est sous Osman que s'est établi le Coran tel que nous l'avons aujourd'hui. Donc du vivant du Prophète.

Mohammed n'a donc été qu'un canal à travers lequel passait la parole de Dieu ?

Tout à fait, et c'est bien pourquoi les musulmans ne l'adorent pas. Il n'a pas, comme Jésus, la double nature. Voyez Jésus : il parle tantôt comme un homme et tantôt comme Dieu. Dans le monde hellénistique, l'idée qu'un homme puisse avoir une double nature, divine et humaine, n'était pas impensable. Dans un milieu sémitique comme le milieu arabe, c'était impensable. Les juifs n'ont jamais divinisé Moïse. Pas plus que les musulmans n'ont divinisé le Prophète.

Si vous lisez le Coran avec attention, vous remarquez qu'il y a deux sortes de paroles prophétiques. Les unes où Mohammed parle comme un homme, quand on lui demande par exemple comment il faut prier ou faire les ablutions et l'autre quand il prononce des paroles sacrées, inspirées. Par exemple : « J'étais un trésor caché et J'ai voulu être connu. C'est pour cela que J'ai créé le monde. » Ou encore : « Je n'ai créé les hommes que pour qu'ils m'adorent... » Ce qui est curieux, c'est que même quand il prononçait ces paroles inspirées, personne n'a jamais éprouvé la tentation de les lui attribuer. Les gens qui lui étaient hostiles disaient qu'il était un imposteur mais ils n'ont jamais eu l'idée de dire qu'il se faisait passer pour Dieu. Vous avez raison : il n'était jamais qu'un canal.

Je suis souvent frappé de ce double langage des Évangiles. Le Christ se présente tantôt comme homme et tantôt comme Dieu.

Il ne se présente jamais tout à fait comme Dieu. Quand on lui demande s'il est le Messie, il répond : « Tu l'as dit. » Chouraqui dit que c'est un contresens et que cela veut dire : « C'est toi qui le dis. Pas moi. »

Certains pensent qu'on fait une confusion entre le Jésus historique et le Christ universel et que cette confusion est à la base de nombreux problèmes. Ils voient assez volontiers le Christ comme un homme qui, peu à peu, a été empli de Dieu au point de devenir divin. Alors toutes les contradictions s'expliquent et se résolvent d'elles-mêmes.

Un homme totalement réalisé comme Jésus n'est plus alors que le grand Soi. C'est ainsi qu'Al Halladj a pu dire : « Je suis Dieu. » Il voulait dire qu'il était à ce point empli du Divin que sa vie n'existait plus.

Ne pourrait-on pas dire aussi qu'il s'agit peut-être d'une intense nostalgie : le souvenir d'un état que nous avons connu et que nous aspirons à retrouver.

Vous savez, le *Mathnawî* commence par un chant tout à fait nostalgique : « Écoute la flûte de roseau » dans lequel Rûmî se plaint de la séparation :

« Depuis que j'ai été coupé de mon oseraie natale
j'aspire à lui être réuni.
J'ai un cœur déchiré par la soif,
par la nostalgie... »

Vous m'avez demandé comment le livre d'Iqbal avait pu déclencher en moi un tel bouleversement. Je dirais qu'il a été un rappel. Pour moi, la découverte de l'Islam a été comme des retrouvailles.

Le seul pays où je me sente chez moi, ce n'est pas Paris où je ne suis qu'une touriste émerveillée. Ce n'est pas non plus la Grèce où je suis pourtant comme un poisson dans l'eau parce que j'aime beaucoup les penseurs grecs de l'Antiquité et les Grecs d'aujourd'hui. Le seul pays où je me sente vraiment chez moi, c'est la Turquie. Quand j'y arrive, je suis comme un chat qui retrouve sa maison. Je reconnais les odeurs et il arrive que des gens m'interpellent dans la rue pour me demander leur chemin. Ils me prennent pour une Turque et j'ai l'air idiote quand je leur réponds. Je m'y sens vraiment dans mon pays.

À Konya ou dans toute la Turquie ?

Dans toute la Turquie et à Konya plus qu'ailleurs. Il y a une espèce de climat... Il m'y est arrivé une chose qui est tout de même drôle, même si elle ne prouve rien. Une de mes amies égyptiennes m'a emmenée un jour chez une voyante. C'était une paysanne tout à fait analphabète qui, dès mon arrivée, m'a regardée d'un drôle d'air. Je ne parlais pas très bien l'arabe alors mais nous avons pu nous expliquer car elle possédait deux mots d'anglais. J'ai pris en notes tout ce qu'elle m'a dit. Cela donnait à peu près ceci :

Islam, l'autre visage

« Ah ! Comme c'est drôle ! Je vous vois dans un pays où il n'y a pas d'autos, pas de trains, pas d'avions mais rien que des chevaux ou des mules. Je vous vois marcher. Vous faites de grandes routes à pied. Oh la la ! Que vous marchez ! Et quels drôles de noms il y a dans ce pays ! Attendez ! Je vois Ko, Ko, Ko... »

Je lui ai demandé s'il ne s'agissait pas de Konya et elle s'est écriée :

« Si, si, c'est cela ! Je vous vois assise auprès d'un maître et ce qui est drôle, c'est que vous notez ses paroles. Vous les notez encore aujourd'hui, mais c'est dans une autre langue. »

Nous étions allées voir cette femme un peu pour nous amuser, mais avouez que j'ai eu tout lieu d'être surprise.
Je suis d'accord avec vous : cela ne prouve rien. C'est peut-être une plongée dans l'inconscient collectif ou je ne sais quoi, mais c'est tout de même curieux.

Ce qui est surtout curieux, n'est-ce pas cette impression que vous avez eu dès le début d'être chez vous à Konya et dans l'Islam ?

J'hésite à vous dire ce que je vais vous dire maintenant car je vais vous donner l'impression d'en tirer vanité alors qu'il n'en est rien. J'ai appris le persan mais je ne le comprends pas si bien que le français ou l'anglais. Or il m'est arrivé souvent, à Konya, Ankara ou Istanbul, d'avoir à faire des microfilms de textes de Rûmî. Ce n'est pas toujours facile car il y a parfois des trous dans le texte. Cela va encore quand on peut rétablir le sens par le contexte, mais ce n'est pas toujours le cas. Pour vous donner un exemple, on peut lire : « Le Maître a rêvé de... » et là, il y a un mot absolument illisible. Le Maître peut avoir rêvé de n'importe quoi, de fleurs, d'anges, de poissons... Impossible de savoir. Dans des cas semblables, il m'est souvent arrivé de demander conseil à des Iraniens, des professeurs de faculté ou des spécialistes de Rûmî. Eh bien, lorsqu'ils me donnaient leur explication, souvent, je n'étais pas d'accord. Je ne savais pas très bien pourquoi, mais c'était ainsi. Parfois mes amis se moquaient gentiment de moi. Ils me disaient que j'avais un certain toupet et que, tout de même, je ne parlais pas le persan aussi bien qu'eux. Je m'obstinais cependant et il m'est arrivé très souvent de les voir revenir quelque temps après pour me dire :

« C'est vous qui aviez raison. Nous avons trouvé un manuscrit qui le prouve. »

Une de mes amies m'a dit un jour : « C'est curieux, tu ne sais pas admirablement le persan mais il y a en toi une espèce de divination. » Elle avait raison : souvent, quand on me prête un nouveau manuscrit et qu'il y a un mot douteux, je le rétablis. J'ai l'impression que je l'ai toujours su.

On peut se demander si cela ne vient pas d'une autre vie.

Qui peut savoir ?

Ce serait formidable si vous aviez été une disciple de Rûmî assise à ses pieds...

Lorsque j'ai fait mes premiers pas vers l'Islam, après la lecture du livre d'Iqbal, vous pensez bien que cela n'a pas été facile. J'avais été élevée dans la religion catholique par une grand-mère d'origine anglicane. J'avais un mari juif. J'avais le sentiment de faire quelque chose de fou et j'étais parfois d'autant plus désemparée que je n'avais personne

Islam, l'autre visage

pour me guider. Il m'arrivait de demander dans ma prière : « Dites-moi ce que je dois faire. Envoyez-moi un signe... »

Ce signe, je l'ai reçu sous la forme d'un songe. J'ai rêvé que j'étais enterrée et, par une sorte de dédoublement, je voyais ma tombe, une tombe comme je n'en avais jamais vue et sur laquelle mon prénom, Eva, était écrit en caractères arabes ou persans, ce qui donnait Hawa. Cela me paraissait bizarre et, tout en dormant, je me disais : « Mais enfin, je ne suis pas morte. » Pour mieux m'en persuader, je remuais mes doigts de pied.

Au réveil, je me souviens m'être dit : « Eh bien ! ma petite, tu as réclamé un signe et le voici : tu seras enterrée comme une musulmane. »

J'ai oublié ce rêve et, tout naturellement, j'ai continué mon chemin dans l'Islam. Quinze ans plus tard, j'ai fait mon premier voyage à Istanbul. J'y ai rencontré l'un des derviches tourneurs que j'avais quelques années plus tôt fait venir au théâtre de la Ville avec l'accord de l'U.N.E.S.C.O. Il était architecte de métier car, vous le savez sans doute, les derviches, loin d'être des moines, mènent la vie de tout le monde, ont des familles et des métiers. Cet ami m'a donc dit : « Vous qui vous intéressez tellement à Rûmî, vous devriez venir voir les travaux que je suis en train de diriger dans une ancienne maison de retraite des derviches qui est devenue un musée. » J'y suis allée et il m'a fallu marcher sur des monceaux de gravats, de saletés et de fer rouillé. Mon ami a dû me donner la main et nous avons escaladé tout cela. La grande grille était cassée et il y avait tout au fond d'une espèce de cour un petit pavillon que les ouvriers étaient en train de restaurer. J'étais un peu inquiète, je l'avoue et je pensais à ne pas déchirer mes bas et à ne pas me tordre la cheville, lorsque tout à coup, mon cœur s'est arrêté de battre. Juste devant moi, j'ai vu la pierre de la tombe à laquelle j'avais rêvé. Exactement la même à ceci près que mon prénom n'y était pas gravé.

J'ai demandé à l'architecte : « Qu'est-ce donc que cette étrange pierre ? » et il m'a répondu que c'était une pierre tombale de femme. « Ce que nous sommes en train de dégager ici, a-t-il ajouté, c'est le cimetière de femmes qui ont été, de son vivant, des disciples de Rûmî et qui ont voulu être enterrées ici. Ce cimetière a été laissé à l'abandon pendant des siècles. Nous allons y passer le bulldozer et mettre des fleurs à la place. »

Quelques années plus tard, ce prénom de Hawa vu sur la tombe est devenu le mien d'une façon tout à fait officielle. Lorsque j'ai voulu faire le pèlerinage à La Mecque, je suis allée demander le sauf-conduit nécessaire à l'université Al Ahzar. Je suis tombée sur un cheikh que je connaissais et qui m'a demandé : « Comment vous appelez-vous dans l'Islam ? » J'ai répondu que je n'avais pas de prénom musulman et il m'a affirmé qu'il m'en fallait absolument un. J'étais tellement autodidacte que je ne le savais même pas. J'étais embarrassée et c'est lui qui a trouvé la solution : « Vous n'avez, m'a-t-il dit, qu'à reprendre votre prénom Eva en l'islamisant. Après tout, c'est un nom coranique. » C'est ainsi que d'Eva, je suis devenue Hawa. Hawa, ce prénom même que j'avais vu en rêve sur ma tombe.

Vous le voyez, tout semblait se conjuguer pour faire de moi une musulmane. Même dans les débuts, j'avais le sentiment que je connaissais sans les avoir apprises les coutumes de l'Islam. Il en est une, par exemple, qui demande de ne jamais jeter dans une poubelle un papier sur lequel est écrit le nom de Dieu. S'il faut s'en débarrasser, on le brûle. Quand je suis devenue musulmane, j'ai agi ainsi sans savoir pourquoi. J'ai appris plus tard que c'était la règle.

Il y a d'ailleurs à ce sujet une très jolie histoire soufie. C'est l'histoire d'un très mauvais sujet qui passait son temps à boire et à courir les filles. Il était vraiment la honte et le scandale du voisinage. Un jour qu'il traversait le soukh, à

Islam, l'autre visage

moitié ivre, il vit sur le sol un bout de papier sur lequel était écrit le nom de Dieu. Il le ramassa et s'aperçut qu'il était maculé de boue. Cela lui fit mal au cœur et, rentré chez lui, il fit tout son possible pour le nettoyer. Comme il n'avait pas d'eau, il le frotta avec un petit bout de musc qu'il avait ramassé. La nuit suivante, il eut un rêve au cours duquel Dieu lui dit : « Tu as parfumé mon nom, je parfumerai ton cœur. » Par la suite, ce voyou débauché est devenu un grand saint.

Bien avant de connaître cette histoire, d'instinct, je ne pouvais pas supporter de jeter un papier ou un journal sur lequel était inscrit le nom de Dieu. Et c'était pareil pour tout : je savais ce qu'il fallait faire comme si j'avais été élevée dans l'Islam. Je me souviens qu'un jour, à la suite d'une conférence, des moines sont venus me trouver pour me dire : « Vous qui connaissez si bien les mystiques chrétiens, pourquoi avez-vous choisi l'Islam ? » Je n'ai pu que leur répondre : « Je ne sais pas mais je sais que je ne pourrais pas être ailleurs. »

N'est-il pas difficile de s'adapter aux rites d'une nouvelle religion ?

Mais vous savez, dans l'Islam, les rites sont réduits à leur plus simple expression. Je n'ai même pas eu besoin de faire enregistrer ma conversion. Il suffit de dire devant Dieu et en toute sincérité : « J'atteste de tout mon cœur, de tout mon esprit, qu'il n'y a pas de divinité sauf la Divinité. »

Cela tout croyant peut le dire, quelle que soit sa tradition.

C'est vrai, mais il faut tout de même ajouter : « J'atteste que Mohammed est son Prophète. » J'insiste sur le fait qu'il ne s'agit pas d'adorer Mohammed. En le reconnaissant comme prophète, on reconnaît de fait tous les autres puisqu'il est leur continuateur.

On reconnaît donc aussi Jésus ?

Oui, mais en tant que prophète et non pas fils unique de Dieu. Là est le grand différend entre le christianisme et l'Islam.

Il est bien dommage que tant d'hommes se soient massacrés pour ce point de doctrine.

Je suis bien de votre avis. Je vous avoue que, personnellement, en reconnaissant Mohammed comme un prophète, je n'ai pas eu l'impression de renier quoi que ce soit. Je peux continuer à croire en la mission de Jésus et à la Vierge Marie. J'ai simplement eu la sensation — pardonnez-moi cette expression un peu grossière — de mettre de côté le « baratin théologique ».

Qu'entendez-vous par là ?

Cette façon qu'ont les théologiens de passer leur temps à couper les cheveux en quatre, de discuter sans fin sur les relations qui existent entre les trois personnes de la Trinité. Tout cela m'exaspérait à un point... Mais comment voulez-vous que je renie le message du Christ. Je ne peux pas.
D'ailleurs, si vous êtes sincère, vous n'avez pas besoin de vous convertir. Tout croyant peut être musulman dans le sens très large de l'attitude d'esprit. Il lui suffit d'être soumis à Dieu. Cette soumission, cet abandon de tout l'être à la volonté divine, n'est-ce pas l'axe commun de toutes les religions ?

Tout chrétien peut dire la première partie de la formule de conversion mais sûrement pas la seconde.

Non car elle implique tout de même de reconnaître que le message apporté par Mohammed est un message authentique. Un message qui n'admet pas que Jésus soit le fils unique de Dieu puisqu'aux yeux de l'Islam, Dieu ne peut pas avoir de fils. Mais en tant que musulmane, je peux penser que Jésus est une personne complètement habitée par le Divin. S'il n'est pas Dieu, l'Absolu, créateur des galaxies, il n'en est pas moins entièrement rempli de l'Esprit divin.

Vous savez, s'il y a une différence de dogme entre le chrétien et le musulman, il y a aussi des malentendus de langage qui sont séculaires. C'est très important. J'ai envie de revenir sur cette fameuse expression de « Mère de Dieu » parce qu'il m'arrivait, lorsque j'étais chrétienne, de la prononcer sans très bien savoir ce que je disais. Si cela veut dire Mère de Jésus ou même Mère du Christ, oui, pourquoi pas ? Mais si cela veut dire Mère de l'Absolu, Mère du Créateur, alors c'est tout autre chose.

Prenez l'expression : « Fils de Dieu. » On nous dit que c'est une Personne de la Trinité, mais que faut-il entendre par ce mot Personne ? On peut en discuter à l'infini. Une personne, c'est un individu, un être séparé, bien distinct des autres individus. Faut-il parler de personnes séparées ou d'attributs d'un même Dieu ?

De même que vous, vous dites : « Au Nom de Dieu clément et miséricordieux... »

Voilà. Ces qualités sont des attributs du même Dieu. Mais parler de personnes, cela veut dire parler d'entités différentes et cela, les musulmans ne peuvent l'admettre. Comme ils ne peuvent pas entendre, dans le Credo, que

Jésus « est assis à la droite du Père ». Quand on est placé à la droite de quelqu'un, même si on le prend dans le sens symbolique, c'est qu'on est séparé de la personne près de laquelle on est placé. Donc distinct.

Tout le problème est là. Tout dépend du sens que vous donnez au mot « Personne ». Je peux vous connaître en tant que Jean-Pierre, en tant qu'écrivain, en tant que mon ami, ce sont des attributs de votre personne. Cela ne veut pas dire que vous êtes trois hommes. Si vous dites en arabe : trois personnes, cela veut dire trois messieurs. Il m'arrive parfois de parler avec des amis musulmans et de défendre cette vision de la Trinité, mais immédiatement, ils s'écrient : « Est-ce que vous avez regardé la façade de Vézelay ? Il y a Dieu le Père, Dieu le Fils et Dieu le Saint-Esprit. Et regardez certaines miniatures du Moyen Âge : vous y voyez un Dieu barbu avec une couronne qui tient l'enfant Dieu sur ses genoux, lequel serre sur son sein une colombe représentant le Dieu Esprit Saint. »

Il y a l'icône de Roublev.

Oui, mais il y a tout de même anthropomorphisme.

Mais ce n'est pas important.

C'est très important parce que ça creuse un fossé.

Oui, mais le plus important, c'est qu'un soufi, un moine chrétien ou un lama tibétain font, sous des formes différentes, la même expérience de Dieu. Il ne peut y avoir deux expériences de Dieu.

Bien sûr, mais le langage qui sépare est un langage inutilement séparant.

Islam, l'autre visage

C'est un langage inutile tout court.

Si vous voulez, mais quand on dit : « Il n'y a de dieu que Dieu », cela n'induit pas à l'erreur. Vous ne pouvez pas empêcher que pour un homme d'une tradition non chrétienne, quand on parle de trois hypostases, cela veut dire trois Dieux. D'autant plus qu'on les représente tous les trois séparés et qu'on les fait agir de façon différente. Quand on dit que Jésus est à la droite de Dieu d'où il viendra juger les vivants et les morts, cela veut dire qu'il est distinct de son Père. Cela crée au moins une dualité.

Et puis je l'avoue, l'outrecuidance de certains théologiens m'exaspère parfois. Alors que nous ne savons même pas vraiment ce qu'est un morceau de sucre ou un morceau de pain, ils dissertent interminablement sur les relations qui existent entre les personnes de la Trinité.

Mais tout cela disparaît si l'on considère que la Trinité, ce sont les trois aspects, les trois attributs d'un même Dieu.

Bien sûr, mais le langage est très décevant parce que « Personne » ne veut pas dire aspect. Si je dis que Rachel est une gentille personne, cela ne veut pas dire qu'elle est un aspect. Je crois qu'il y a là des malentendus fondamentaux.

Et vous l'avez cru dès le début ? Tout ce que vous venez de dire, est-ce que vous l'avez senti très fort dès votre découverte de l'Islam ?

Je le sentais déjà avant. J'ai beaucoup pratiqué saint Jean de la Croix qui est tout de même très marqué par la pensée arabe et je me suis retrouvée dans son « Nada, nada », qui est une théologie tout à fait négative. Mais je reste terrifiée par le risque constant d'anthropomorphisme. Évidemment, il y a la difficulté inverse dans l'Islam parce que l'homme y est seul devant Dieu. « Seul devant le Seul », comme dit Plotin. On n'a rien pour se raccrocher et cette solitude face à l'Absolu peut être parfois difficile à vivre.

Mais Mohammed, est-ce qu'on ne s'accroche pas un peu à lui ?

Même pas puisqu'il est défendu de le prier. Il est d'ailleurs tout aussi défendu de prier les saints. On prie pour les saints ou même pour le Prophète. On pense que la sainteté de Dieu est tellement grande que même si le Prophète est un saint homme, il est infiniment loin d'être aussi saint que Dieu.

Tout de même, ne peut-on pas lui demander de nous aider pour ceci ou cela ?

Sans doute le fait-on dans la pratique. Il y a de la superstition partout. Dans la prière rituelle, on peut prier pour le Prophète : « O mon Dieu, bénis ton serviteur Mohammed... » mais jamais, au grand jamais, on ne doit prier le Prophète. La sainteté de Dieu est tellement inconcevable qu'un homme, si saint soit-il, n'en approche pas. Dans l'Islam orthodoxe, il n'y a pas d'intercesseurs.

Vous parlez avec une telle tranquillité d'esprit, il est si apaisant d'être près de vous... Tout de même, vous avez dû connaître des doutes et même des luttes au moment de votre entrée dans l'Islam.

Je vous l'ai dit : j'ai fait trois années d'exégèse pour me décider en toute connaissance.
Je suis même allée voir un évêque. Un jour, Louis Massignon, que je considère comme mon maître, m'a dit : « Si telle est votre voie, j'approuve des deux mains votre

Islam, l'autre visage

entrée dans l'Islam mais je voudrais tout de même qu'avant de faire le pas, vous alliez parler à mon ami, Mgr Nédoncelle, qui est évêque de Strasbourg. »

Tout ce que me disait Massignon était pour moi parole d'évangile et je suis donc allée voir son ami. J'y suis allée d'autant plus facilement qu'il était partisan d'une réconciliation entre les anglicans et les catholiques. Cela me touchait d'autant plus que ma bien-aimée grand-mère était anglicane d'origine.

Me voici donc devant cet évêque qui m'a accueillie avec beaucoup de bonté. Il m'a écoutée avec une grande attention, puis il m'a dit : « Je comprends qu'honnêtement, vous ne puissiez rester catholique, mais puisque votre grand-mère était anglicane, pourquoi ne devenez-vous pas protestante ? C'est tout de même un bouleversement moindre que de devenir musulmane. »

Je lui ai répondu par un cri du cœur, vous le savez ces choses qu'on dit parce qu'elles jaillissent et qu'elles expriment vraiment votre pensée la plus profonde. Je me suis donc écriée : « Mais Monseigneur, ce serait trop facile ! » Il m'a regardée longuement et il m'a dit : « Je comprends. Vous avez raison : faites ce que vous voulez. » Il y a trente ans de cela.

Je me suis demandé par la suite pourquoi j'avais prononcé cette phrase inattendue. Pourquoi est-ce qu'il m'aurait été plus facile de me faire protestante ? En me faisant protestante, je me donnais le droit de choisir, ce qui était très important à mes yeux, mais en même temps, je me donnais le sentiment de picorer ici ou là, de prendre ce qui me plaisait et de laisser le reste. Alors qu'entrer dans l'Islam était vraiment un engagement de tout mon être.

Cela a dû être un choc pour ceux qui vous aimaient, pour votre mari et vos parents.

Pour mon mari, pas tellement. Il était indifférent, mais il savait respecter la différence. C'est un peu comme si je lui avais dit que j'allais apprendre le chinois. Mon père vivait encore mais les questions religieuses n'étaient pas pour lui très importantes. Par contre, j'ai perdu des amis. Sans doute ceux qui ne m'aimaient pas tant que cela. Les autres sont restés fidèles. Tant mieux pour moi.

Si quelqu'un venait vous trouver en vous disant qu'il désire se convertir à l'Islam, est-ce que vous l'encourageriez ?

Pas forcément. Cela dépend. Il y a quelque temps, par exemple, j'ai reçu un jeune homme revenant du Yémen où il était coopérant. Il m'a dit : « Madame, je viens vous voir parce que j'ai assisté à une de vos conférences. J'adore le monde arabe. Moi qui ai été élevé dans un milieu de banquiers du XVIe arrondissement, j'ai été reçu au Yémen sous la tente... » Il m'a parlé du ciel étoilé, du silence du désert, de l'hospitalité et il a terminé en me disant :

— « Naturellement, je vais me faire musulman. Qu'en pensez-vous ?
— Puisque vous me le demandez, je vous le déconseille vivement.
— C'est vous qui me dites ça ?
— Oui. D'accord, les Yéménites sont charmants, ils jouent de la belle musique sous un ciel étoilé, mais ce n'est pas suffisant. Entrer dans l'Islam, cela signifie une longue ascèse. Il faut d'abord vous y préparer. »

Ce mot « conversion » qu'on emploie à tout bout de champ, je ne l'aime pas du tout. D'autant plus qu'il y a autant de cheminements que d'individus. Pour certains, c'est le coup de foudre ; pour d'autres, l'itinéraire avec deux

Islam, l'autre visage

pas en avant et un pas en arrière qui a été le mien pendant longtemps.

J'ai de très bons amis, par exemple, qui ont connu le coup de foudre. Quand ils sont arrivés au Caire, ils sont entrés dans une mosquée et ils ont eu le sentiment que le plafond leur tombait sur la tête. Encore aujourd'hui, ils sont incapables de dire pourquoi, tous les deux ensemble, ils ont éclaté en sanglots. Ils sont devenus de fervents musulmans.

D'autres amis ont connu un itinéraire plus ardu et souvent même franchement difficile.

Peu importe d'ailleurs le chemin. L'essentiel, c'est d'arriver au but.

IV

Voici déjà longtemps que nous parlons et nous sommes surpris de constater que le nom de votre cher Rûmî n'est venu que de rares instants dans notre conversation. Il a pourtant joué un grand rôle dans votre découverte de l'Islam et dans votre vie intérieure. Comment l'avez-vous découvert ?

Lorsque j'ai lu le livre d'Iqbal dont nous avons longuement parlé, j'ai été intriguée en constatant qu'il citait sans arrêt celui qu'il appelait son Maître, Djalâl-od-Dîn Rûmî. Je n'avais jamais entendu prononcer ce nom et je me répétais sans cesse : « Mais qui est ce monsieur ? » Je me suis précipitée à la Bibliothèque nationale, aux Langues orientales et dans les bibliothèques spécialisées. J'ai appris qu'il s'agissait d'un mystique du XIIIe siècle, mais il m'a été difficile d'en savoir beaucoup plus car il n'y avait pas la moindre traduction française de ses œuvres. J'ai découvert quelques textes en anglais traduits par Nicholson et quelques poèmes traduits en langue allemande. Rien d'autre mais ce que j'ai lu m'a paru tellement sublime que j'ai décidé de faire un diplôme de persan classique pour pouvoir faire connaître ces trésors à l'Occident. Après ces trois années d'études, j'ai pu me mettre au travail.

Plus j'avançais et plus j'étais stupéfiée par ce que je découvrais. Rûmî vivait au XIIIe siècle, c'est-à-dire qu'il était un contemporain de saint François auquel il ressemblait par beaucoup de côtés, par son amour de la poésie, de la nature, des animaux, des pauvres... Il lui arrivait d'être mal vu des gens bien pensants parce qu'il allait consoler les prostituées. Il disait que sa seule tâche était de réveiller les âmes endormies. Son immense œuvre poétique n'a pas eu d'autre but et sa grande œuvre est sans doute le *Mathnawî* dont je viens de terminer la traduction intégrale et qui est tout un univers.

Il fut aussi un grand penseur. Rendez-vous compte : en plein XIIIe siècle, il enseignait que si on coupait un atome, on y trouverait un noyau avec des planètes tournant autour. Il a d'ailleurs eu la prescience de l'énergie extraordinaire contenue dans ces atomes, annonçant qu'il fallait faire très attention de ne pas provoquer un choc qui pourrait réduire le monde en cendres. Il a aussi longuement parlé de l'évolution.

Ce qui est encore plus extraordinaire et qui m'a tellement frappée, c'est qu'il disait : « Sur cette petite planète Terre, qui n'est qu'un petit coin de l'univers (et pas du tout le centre du monde comme on le croyait au Moyen-Âge) tous les êtres humains sont soumis à l'influence des astres. La lune agit sur la fécondation des femmes, sur les marées tandis que le soleil agit sur la végétation. »

On avait déjà, de son temps, une bonne idée de l'influence de la lune.

Oui mais il ajoute, et je vous traduis cela littéralement du persan : « Ce qu'on sait moins, c'est que le geste le plus infime d'un homme sur cette terre est perçu dans des systèmes solaires appartenant à des galaxies non encore découvertes. »

Quand j'ai traduit cela, je me suis pincée pour me demander si je ne rêvais pas et je me suis rappelée qu'un

Islam, l'autre visage

jour, tandis que je prenais un café à Fès avec Olivier Costa de Beauregard, celui-ci m'a dit : « Vous savez, ma chère amie, nous les physiciens de pointe, si nous disions au public ce que nous découvrons, il nous prendrait pour des dingues. Par exemple, si vous touchez votre tasse de café, Einstein affirme que votre geste est perçu dans d'autres systèmes solaires. » J'ai eu un petit choc au cœur en me souvenant que Rûmî avait dit la même chose au XIIIe siècle.

Vous avez été tellement enthousiasmée que vous avez consacré une grande partie de votre vie à traduire ses œuvres.

En effet, je crois que j'ai traduit à peu près tout. La parution du *Mathnawî* est pour moi un événement.

Peut-être allons-nous être un peu indiscrets mais nous aimerions mieux saisir la relation que vous avez avec lui.

C'est un petit peu une relation de disciple à maître. Il est d'une telle stature, d'une telle dimension ; son message est d'une telle grandeur !

Mais un maître, on lui parle, on lui demande des conseils, des directives. Peut-on vraiment avoir une relation vitale avec un maître qui vivait il y a si longtemps ?

Cela dépend non pas du maître mais du disciple. De la nature même du disciple.

Irions-nous trop loin en disant que vous lui avez consacré votre vie ?

Je lui ai consacré ma vie parce que j'ai pensé que son message était d'une telle urgence, d'un tel universalisme. Un message d'amour qui reprend les valeurs les plus essentielles du christianisme et de l'Islam, sans rien renier, et en leur donnant une dimension tout à fait fraternelle et œucuménique. Vous ne trouverez pas en lui le moindre dogmatisme, et cela m'a semblé d'une importance énorme.

Est-ce que vous ne vous sentez pas un peu orpheline maintenant que vous avez terminé la traduction de ses œuvres ?

Après cet enfantement, je pense que je vais le reprendre en le relisant avec d'autres yeux. Non plus ceux de la traductrice.

Vous savez, quand on fait un travail de traduction qui est tout de même assez difficile, on colle au texte, on se demande sans cesse si tel mot est ou non le mot juste. Je me réjouis maintenant de pouvoir prendre un peu de recul et de poser sur lui un autre regard.

Le regard du disciple plus que du traducteur ?

Exactement.

Nous n'avons pas l'intention de raconter ici sa vie dans ses moindres détails. Nous avons pourtant besoin de repères biographiques, ne serait-ce que pour savoir ce qui, en lui, vous a le plus frappée.

Il est né à Balkh en Afghanistan. Son père était un théologien si célèbre qu'on l'avait surnommé « le sultan des savants ». C'était aussi un homme d'une prescience assez peu ordinaire puisqu'à la suite d'une révélation, il avait quitté Balkh avec sa famille juste avant que la ville ne soit détruite de fond en comble par les Mongols.

Les voici donc lancés dans une vie errante qui les mène

Islam, l'autre visage

d'abord à Nichapur où ils rencontrent ce célèbre poète 'Attar que Rûmî considérera bientôt comme un de ses maîtres.

Après un séjour à la Mecque, ils sont arrivés en Turquie et se sont arrêtés à Konia, l'ancienne Iconium de saint Paul qui se trouvait alors sous la domination d'un sultan seldjuk, mécène très ouvert et très libéral. Ami des sciences et des arts, il avait sauvé de la destruction de nombreuses sculptures antiques qu'on peut encore voir aujourd'hui. Apprenant que le voyageur qui venait de s'arrêter chez lui était un grand savant, il l'invita à continuer son travail de prédication à Konya et lui donna même un collège où il put enseigner jusqu'à sa mort. Tout naturellement, Rûmî prendra automatiquement la relève.

Était-il déjà un grand mystique ?

Pas encore. Il était plutôt alors un jurisconsulte très savant, en même temps, bien sûr, qu'un homme très pieux, très spirituel. Nous savons qu'il avait beaucoup d'étudiants.

Il avait pourtant vécu, dès l'âge de sept ans, une expérience prémonitoire extraordinaire que nous raconte Aflâkî. Alors qu'il faisait sa prière du matin, il lut le chapitre du Coran qui commence par ces mots : « Certes, nous t'avons donné le Kawthar... »

« Je pleurai, racontera-t-il plus tard, lorsque tout à coup, Dieu, dans Sa miséricorde infinie, Se révéla à moi, de sorte que je tombai évanoui. Quand je revins à moi, j'entendis une voix mystérieuse qui me disait : " O Djalâl-od-Dîn, ! Par la droite de Notre Splendeur, Je t'ordonne de ne plus, dorénavant, faire d'efforts, car nous avons fait de toi un lieu de contemplation. " »

De cette expérience inouïe, Rûmî tirera plus tard cette conclusion :

« En remerciement de cette faveur, je rends des services jusqu'à l'extrême et je m'efforce d'accomplir cette parole du Coran : " Ne serais-je donc point un serviteur reconnaissant ? " dans l'espoir de pouvoir faire atteindre à mes compagnons la perfection de l'extase. »

Il était donc, dès son enfance, un vrai mystique ?

Sans doute avait-il été déjà effleuré par l'extase, mais la grande révélation, celle qui fera basculer sa vie, date de sa rencontre avec Shams de Tabriz.

Un jour qu'il sortait de son collège, monté sur sa mule et entouré de nombreux étudiants, il fut arrêté par un derviche errant, un certain Shams de Tabriz, qui lui posa une question à l'oreille, question sans doute si extraordinaire que Rûmî descendit de sa mule, prit Shams par la main et l'entraîna derrière lui. Les deux hommes s'enfermèrent pour une longue retraite au sortir de laquelle...

Vous ne nous avez pas dit quelle était la question.

On ne le sait pas. Il y a beaucoup d'hypothèses, mais aucune certitude. Sans doute s'agissait-il d'une question d'un ordre tout à fait mystique. Toujours est-il qu'en sortant de cette retraite, Rûmî a prononcé cette phrase fameuse :

« Ma vie a tenu en trois mots : j'étais cru, j'ai été cuit, puis calciné. »

Une image que reprendront plus tard Maître Eckhart et Simone Weil, tant il est vrai que les mystiques authentiques

Islam, l'autre visage

connaissent la même fulgurante intuition, la même transmutation de l'âme passée par le creuset de l'amour divin.

Car c'est à ce moment-là que Rûmî a vraiment pris la mesure de l'amour divin.

Ne pourrait-on pas plutôt dire que c'est à ce moment-là qu'il s'est installé dans l'amour divin ?

Si vous voulez. Cet homme si savant s'est fait l'humble disciple de ce derviche errant dont nul n'avait jamais entendu parler. Ils ont vécu ensemble assez longtemps, ce qui n'a pas plu du tout aux disciples de Rûmî qui ne cessaient de lui répéter : « Mais enfin, tu es beau, élégant, instruit, cultivé, tu es un grand maître. Pourquoi es-tu comme un petit chien devant cet homme hirsute et débraillé ? » Shams souffrait de cette hostilité. Un jour, il en a eu assez et, sans crier gare, il est parti pour Damas.

Rûmî s'en est montré si désespéré que son fils, Sultan Valad, s'est précipité à Damas d'où il a ramené Shams monté sur son cheval tandis que lui, Sultan Valad, marchait à pied devant lui.

La vie a repris comme avant mais hélas ! pas pour longtemps car, un jour, Shams a disparu. Il s'est évanoui dans la nature et nul n'a jamais retrouvé sa trace. Nous avons tout lieu de penser qu'il a été assassiné par les disciples de Rûmî.

Inutile de vous dire que ce dernier s'est montré inconsolable. Sur la porte de la cellule où avait vécu Shams, dont le nom signifie « Soleil », il écrivit ce court poème :

> « J'étais neige, à tes rayons je fondis ;
> La terre me but ; brouillard d'esprit,
> Je remonte vers le soleil. »

Un jour enfin, il comprit que son maître vivait en lui, qu'il n'en était pas, qu'il n'en serait jamais séparé, et il sortit du désespoir.

Vous dites : nous avons tout lieu de croire que Shams a été assassiné. Sur quoi vous basez-vous pour l'affirmer ?

C'est une longue histoire et, par moments, si étrange que j'hésite à la raconter.

Il faut d'abord que je vous parle de la mosquée de Shams à Konya. Ce n'est pas qu'elle soit très jolie. D'ailleurs, elle n'est pas d'époque. Or, dans cette mosquée où il y a un catafalque vide, il se passe des choses étranges.

La première fois que j'y suis entrée, en 1969, je me suis sentie abominablement mal, comme si j'allais tomber dans les pommes. Je ne comprenais pas pourquoi et comme je suis bassement matérialiste, je me suis dit : « C'est que je n'ai pas encore pris mon petit déjeuner. » Une fois dehors, j'ai eu la surprise de me sentir parfaitement bien. J'ai fait plusieurs fois l'expérience et, chaque fois, le malaise est revenu.

Sur le chemin de mon hôtel, j'ai rencontré des derviches que je connaissais et l'un d'eux m'a demandé : « D'où viens-tu avec cette mine de déterrée ? » Je lui ai expliqué ce que je venais de vivre et il n'en a pas paru surpris. « Ah bon, m'a-t-il dit, c'est quelque chose de tout à fait classique. » Il n'a rien voulu me dire de plus.

Une seconde histoire, elle aussi bien curieuse, m'est arrivée il y a à peu près six ans. J'ai reçu un jour un coup de téléphone du Père Poncet, un Dominicain de choc, grand voyageur et qui connaît la Turquie comme sa poche, au point d'y organiser des voyages pour la Procure.

« Ma chère amie, m'a-t-il dit, je suis embêté comme tout : je devrais partir après-demain pour Konya mais je ne peux pas bouger. J'ai 40 de fièvre et personne ne peut me remplacer. Voulez-vous partir à ma place ? Vous n'aurez pas du tout à faire un travail de guide parce qu'il y en a un de prévu. Tout ce que je vous demande, c'est, le soir, d'aller un peu au fond des choses avec le groupe qui est composé surtout d'universitaires. »

J'ai accepté sur-le-champ et me voilà partie avec un groupe très sympathique, des universitaires plutôt agnostiques, à l'exception d'un couple de catholiques qui, au premier abord, m'a semblé un peu traditionnel. Il faisait très beau lorsque nous sommes arrivés devant la mosquée de Shams. Il n'y avait pas une feuille d'arbre qui bougeait. Nous sommes entrés dans la mosquée et, soudain, nous avons été pris dans une sorte de tourbillon, un peu comme un coup de mistral sur la Canebière. Nous chaloupions, nous nous raccrochions les uns aux autres et c'est tout juste si nous arrivions à nous tenir debout. Il y avait vraiment de quoi avoir peur, car il n'y avait pas une fenêtre ouverte. J'ai regardé par la fenêtre et j'ai vu que les arbres étaient parfaitement tranquilles.

Quelque temps après, j'ai reçu un coup de téléphone d'un de mes bons amis qui a été longuement le conservateur du musée Rûmî et qui était devenu le ministre de la Culture en Turquie. « Vous savez, m'a-t-il dit, nous avons retrouvé le corps de Shams. Nous avons fait des travaux dans sa mosquée et, en creusant assez profond, nous avons découvert un squelette qui ne peut être que le sien. » Je me suis souvenue de cet incroyable tourbillon qui nous avait plaqués les uns contre les autres au-dessus de l'endroit même où reposait ce squelette.

Vous le savez bien : il y a des lieux qui sont chargés sans qu'on sache très bien pourquoi. Le puits qui se trouve sous la cathédrale de Chartres par exemple, le lieu où a vécu le Maharshi, la Sainte Baume... Pour des gens qui, comme moi, sont assez sensibles, il est parfois difficile d'y aller.

Le fait d'avoir découvert son squelette ne nous dit pas si Shams a été oui ou non assassiné.

Non, mais j'ai encore une histoire curieuse à vous raconter à ce sujet.

Voici déjà plusieurs années, je me baladais dans Konya, les mains dans les poches comme une vraie touriste. Je regardais les vitrines en me demandant quels cadeaux j'allais bien pouvoir ramener à mes amis lorsque arrivée dans un périmètre grand comme cette pièce, je me suis sentie vraiment très très oppressée. Comme je suis hypoglycémique, j'ai eu peur de m'évanouir, mais une fois sortie de ces quelques mètres carrés, je me suis sentie de nouveau bien. Pour en avoir le cœur net, j'ai fait marche arrière et j'ai retrouvé le même malaise.

Peu de temps après, ce même ami, le ministre de la Culture, me dit : « Vous savez, nous sommes maintenant à peu près certains de l'endroit où Shams a été attiré dans un guet-apens, puis assassiné. » Il m'a décrit le lieu, non loin du bazar et c'était exactement là où je m'étais sentie mal.

Quand on y réfléchit, il n'y a rien là d'étonnant. Je crois que les choses restent et que certains événements tragiques marquent les lieux où ils se sont déroulés. Je pourrais vous donner de nombreux exemples de ce type et je ne suis pas la seule.

Parlez-nous des derviches tourneurs et de leur danse.

C'est Rûmî qui, dans son désespoir après la disparition de Shams, a créé le « Sama », la danse cosmique sacrée bien caractéristique de la confrérie qu'il a fondée. Plus tard son fils, Sultan Valad, l'a codifiée et institutionnalisée. Il raconte, dans *La parole secrète* : « L'enseignement de mon

Islam, l'autre visage

père était tout de même très ésotérique et très compliqué. J'ai essayé de l'expliquer pour le grand public. »

Nous avons connu des gens qui, visitant la Turquie, ont été déçus par le « Sama ». Ils y ont vu un spectacle pour les touristes, une danse folklorique.

Malheureusement, ce peut être le cas. Un jour, dès mon arrivée à Konya, je me suis précipitée pour voir un « Sama ». C'était dans un grand gymnase éclairé au néon et il y avait des gens qui, à l'entrée, buvaient du coca-cola tandis que d'autres essayaient de vendre des petits derviches en laiton doré. Le « Sama » lui-même était toujours aussi beau mais enfin, ce n'était pas ça. J'en ai eu le cœur serré et je suis partie avant la fin.

En entrant dans ma chambre d'hôtel, je me suis surprise à murmurer, en m'adressant à Rûmî : « Vraiment, je voudrais bien voir autre chose que cette caricature. » Au moment même, le téléphone a sonné et on m'a dit : « Madame, on vous demande. » J'ai dit que ce n'était pas possible parce que je n'avais annoncé mon arrivée à personne, mais la téléphoniste a insisté en disant qu'on demandait le docteur Eva. J'ai alors entendu la voix d'un de mes amis derviches : « Alors, c'est comme ça qu'on nous plaque en plein milieu d'un " Sama " ? » Je lui ai dit ce que j'avais sur le cœur et il m'a répondu : « Croyez-vous que ça nous fasse plaisir de faire du folklore ? Venez, nous allons vous faire un " Sama " pour vous toute seule. » C'est ainsi qu'à deux heures du matin, j'ai pu assister à un « Sama » qui était la vraie danse cosmique voulue par Rûmî, la ronde vertigineuse des atomes et des planètes.

« Plusieurs chemins mènent à Dieu, disait-il. J'ai choisi celui de la danse et de la musique… Dans les cadences de la musique est caché un secret. Si je le révélais, il bouleverserait le monde. »

Peut-être n'a-t-il pas révélé le secret mais il a écrit un certain nombre de textes magnifiques sur la danse cosmique. Pourriez-vous nous citer ceux qui vous touchent le plus ?

Il y en a trop. Tenez, écoutez ce poème :

> « O jour, lève-toi ! Des atomes dansent,
> Les âmes, éperdues d'extase, dansent,
> À l'oreille, je te dirai où l'entraîne sa danse.
> Tous les atomes dans l'air et dans le désert,
> Sache-le bien, sont tels des insensés,
> Chaque atome, heureux ou misérable,
> Est épris du Soleil dont rien ne peut être dit. »

On a envie d'en demander encore.

« Comment l'âme pourrait-elle ne pas prendre son essor, quand, de la glorieuse Présence, un appel affectueux, doux comme le miel, parvient jusqu'à elle et lui dit : " Élève-toi ! " Comment le poisson pourrait-il ne pas bondir immédiatement de la terre sèche dans l'eau, quand le bruit des flots arrive à son oreille de l'océan aux ondes fraîches ? Comment le faucon pourrait-il ne pas s'envoler, oubliant la chasse, vers le poignet du roi, dès qu'il entend le tambourin, frappé par la baguette, lui donner le signal du retour ? Comment le soufi pourrait-il ne pas se mettre à danser, tournoyant sur lui-même comme l'atome, au Soleil de l'éternité, afin qu'il la délivre de ce monde périssable ? Vole, vole, oiseau, vers ton séjour natal, car te voilà échappé de la cage et tes ailes sont déployées. Éloigne-toi de l'eau saumâtre, hâte-toi vers la source de la vie. » (*Dîwân*)

Vole oiseau vers ton séjour natal. Il y a donc dans l'âme du soufi comme un souvenir du Paradis ?

C'est un thème très important de la mystique musulmane et sans doute aurons-nous l'occasion d'y revenir.

En vous entendant, nous n'avons aucun mal à comprendre votre émerveillement lorsque vous avez découvert pour la première fois ces textes qui, depuis huit siècles, n'avaient jamais été traduits.

Le mot émerveillement me semble un peu faible. Je peux même parler de stupéfaction lorsque j'ai découvert que Rûmî connaissait le nombre des planètes qui, en Occident, resta ignoré jusqu'à notre siècle. C'est d'ailleurs sur le nombre des planètes dans le système solaire qu'il a déterminé le nombre des danseurs prenant part à l'oratorio spirituel. Ils sont toujours neuf ou un multiple de neuf.

Le « Sama » est donc plus qu'une danse. Peut-on dire que c'est une liturgie ?

Absolument. Et pas seulement le « Sama », mais la musique. Aflâki raconte que, tandis que Rûmî était en train d'entendre un instrument qu'il aimait beaucoup, l'appel à la prière a retenti. L'ami qui était avec lui l'a pressé d'interrompre le concert.

« Non pas, dit le Maître, car ceci est aussi une prière. Toutes deux s'adressent à Dieu. Il veut l'une extérieurement pour Son service, et l'autre intérieurement pour Son amour et Sa connaissance. »

Il dit aussi en parlant du rebab : « Ce n'est que corde sèche, bois sec, peau sèche mais il en sort la voix du Bien-Aimé. »

Tout lui était prétexte pour se mettre à danser : le tic-tac des batteurs d'or, le chant de l'eau sur la roue du moulin... Il était toujours au bord de l'extase, de cette ultime union qu'il a ainsi chantée :

« À l'origine, mon âme et la tienne étaient unies,
Elles étaient l'apparence et le secret de toi, l'apparence et le secret de moi.
Il serait vain de dire " la mienne et la tienne "
Car il n'y a ni moi, ni toi, entre moi et toi. »

Vous pourriez le citer pendant des heures.

Mais oui ! Que voulez-vous, j'ai vécu et je vis dans une telle familiarité avec lui. Pensez que j'ai traduit à peu près tout ce qu'il a écrit : les *Odes mystiques* ; un livre d'enseignement auquel j'ai donné ce titre : *Le livre du dedans* les *quatrains* et surtout, surtout les 50 000 vers du *Mathanawî*, une très vaste et très belle théodicée dans laquelle on sent ses immenses qualités de philosophe, de penseur, de mystique, de poète et de commentateur ésotérique du Coran.

Vous insistez beaucoup sur son œcuménisme.

Oui, parce que je pense qu'en cela, il est incroyablement moderne. Sans le savoir très clairement, c'est ce que je cherchais : un œcuménisme qui ne soit pas un syncrétisme. Car il est toujours facile de prendre un peu d'islam, de christianisme, de bouddhisme ou d'hindouisme pour en faire un amalgame. Je pense que le véritable œcuménisme,

Islam, l'autre visage

ce n'est pas du tout cela et que chacun doit aller jusqu'au bout de sa tradition. Alors et alors seulement, quand vous arrivez au centre, vous retrouvez les autres.

Au centre de la roue ?

Tout à fait. Ce symbole de la roue est le grand symbole des mystiques de l'Islam. Revenons, pour mieux comprendre, à ce mot : acceptation. S'il est un lieu où toutes les traditions se retrouvent, c'est bien dans l'acceptation. Dante n'a-t-il pas dit : « Sa volonté est notre paix » ? De nombreux musulmans parlent de « remise à Dieu ». Cette attitude fondamentale d'abandon, d'acceptation, c'est le centre immuable de la roue. Si vous restez à l'extérieur de la circonférence, vous restez avec tous ceux qui croient être les seuls à posséder la vérité et qui, par conséquent, sont prêts à imposer cette vérité par tous les moyens. Mais si vous allez au bout de votre propre tradition, alors vous arrivez forcément au centre de la roue et vous vous apercevez que ce centre, c'est justement l'acceptation, la remise à Dieu. Et dans votre acceptation, vous retrouvez tous les autres, venus de toutes les traditions.

V

J'aimerais que nous parlions un peu des maîtres de Rûmî. Il y a eu son père au début, il y a eu Shams de Tabriz avec lequel il a eu cette mystérieuse relation, mais dont nous ne savons rien d'autre, puisqu'il semble avoir peu écrit et ne pas avoir eu d'autres disciples. En dehors de ces deux-là, Rûmî s'est-il reconnu d'autres maîtres ?

Il disait : « 'Attar fut l'âme du mysticisme et Sanâ'î fut ses yeux. Je n'ai fait que suivre leurs traces. »

Qui étaient-ils ?

Tous les deux de merveilleux poètes, ce qui ne doit pas être un hasard. 'Attar, que Rûmî a rencontré à Nichapur alors qu'il fuyait avec son père l'invasion mongole, est surtout connu pour avoir écrit *Le Mémorial des saints* où il raconte la vie de soixante-douze saints et saintes soufis. Il a aussi écrit *Le langage des oiseaux* que Peter Brook a mis récemment en scène. Toute l'histoire roule sur un jeu de mots :

Un jour, les oiseaux décident de se mettre en quête d'un roi. Ils disent : « Tous les peuples de la terre ont un chef ou un roi et nous, nous n'en avons pas. » Ils tiennent donc une assemblée solennelle et décident d'aller chercher le Simorgh et de lui donner tout pouvoir sur eux. Le Simorgh qui veut dire le Phénix. Le jeu de mots dont j'ai parlé, c'est qu'en persan, « si » veut dire trente et « morgh », oiseau.

Voici donc nos oiseaux en chemin. Ils traversent des pays entiers, des vallées, dont la célèbre vallée de l'Amour. Un peu partout, ils laissent des plumes, des morts et beaucoup d'entre eux se découragent et abandonnent. En fin de compte, lorsqu'ils arrivent au seuil du Simorgh, ils ne sont plus que trente.

Ils touchent au but après toutes ces épreuves. Ils rencontrent le chambellan de l'éternité et demandent à voir le Simorgh mais le chambellan leur tend un miroir et dans ce miroir, ils s'aperçoivent qu'ils sont trente oiseaux, c'est-à-dire qu'ils sont eux-mêmes ce Simorgh qu'ils ont tant cherché. Et l'histoire se termine ainsi : « Ils s'évanouirent alors comme la lueur d'une bougie dans la clarté du soleil. »

Tout l'enseignement de Rûmî, comme d'ailleurs celui des mystiques de tous les temps, se retrouve dans cette histoire exemplaire. Ce roi des oiseaux, c'est-à-dire au fond le but de toute recherche spirituelle, celui que les uns appellent Dieu, les autres Allah, d'autres encore l'Absolu ou l'Atman, c'est en nous, au plus profond de nous que nous devons le chercher. Et quand nous l'avons trouvé il n'y a plus rien d'autre. Tout le reste s'évanouit.

Et Sanâ'i ?

Sanâ'i est un très grand poète iranien qui vécut environ un siècle avant Rûmî. D'abord poète de Cour, il se fixa au Khorassan où il rencontra des maîtres soufis et écrivit des poèmes mystiques qui sont parmi les plus beaux de la littérature persane.

Il devint lui-même un maître, décrivant ainsi son chemin :

« Si tu demandes, ô frère, quels sont les indices de la Voie, je te répondrai clairement et sans ambiguïté. C'est que tu regardes le vrai et romps avec le faux ; que tu tournes la face vers le monde vivant, que tu poses les pieds sur les dignités ; que tu élimines de ta pensée toute ambition de gloire et de réputation ; que tu courbes la taille à Son service ; que tu purifies l'âme des maux et la renforces par la raison ; que tu passes du foyer de ceux qui parlent avec abondance à celui de ceux qui gardent le silence ; que tu voyages des œuvres de Dieu à Ses attributs et de Ses attributs à Sa connaissance.

« À ce moment, tu passeras au monde des mystères pour arriver au seuil de la pauvreté ; et quand tu seras l'ami de la pauvreté, ton âme obscure deviendra un cœur repenti. Ensuite Dieu retirera la pauvreté même de ton cœur, et quand la pauvreté n'y sera plus, Dieu y restera. »

Vous le voyez, nous sommes ici au cœur de toute mystique. C'est Sanâ'î également qui, dans *Le jardin des vérités,* a eu cette parole extraordinaire : « Si ton âme ne passe pas par le vendredi de la crucifixion, elle n'arrivera jamais au dimanche de la résurrection. »

N'est-ce pas la pure doctrine aussi bien des maîtres soufis que des mystiques chrétiens ?

Cela nous amène à dire ce que c'est qu'être soufi.

Les définitions ne manquent pas.

Il y a celle — célèbre — d'Abûl-Hasan Nurî : « Le soufi est celui qui n'a rien en sa possession et qui n'est lui-même possédé par rien. »

Il y a celle d'Abû Saïd ibn Abîl Khayr à qui on demandait en quoi consistait le soufisme : « Ce que tu as en tête, abandonne-le ; ce que tu as en main, donne-le ; ce qui t'advient, ne l'esquive pas. »

Il y a celle d'un maître anonyme : « Celui qui est purifié par l'amour est pur, et celui qui est absorbé par le Bien-Aimé et a renoncé à tout le reste est un soufi. »

En fait, le soufi n'est-il pas celui qui s'est totalement vidé de lui-même pour faire la place à Dieu ? Alors il est entièrement habité.

C'est cela.

Thérèse d'Avila et Jean de la Croix n'ont pas dit autre chose.

Bien sûr. Mais il ne faut pas oublier ce que Rûmî répète souvent : « En réalité, c'est Dieu le chercheur. »

En dernière analyse, comme je l'ai déjà écrit, tout se fonde sur l'amour. Dieu, est-il dit dans le Coran, est plus proche de l'homme que celui-ci ne l'est de sa propre veine jugulaire. S'il sait aimer, le mystique Le découvre dans son cœur. Dieu déclare par la bouche du Prophète :

« Ma terre et Mon ciel ne Me contiennent pas, mais Je suis contenu dans le cœur de Mon fidèle serviteur. »

En fait, pour en revenir à la définition du soufi, je peux, je vous l'ai dit, vous en donner beaucoup mais je préfère dire, avec Rûmî, qu'il est indéfinissable.

Rûmî a merveilleusement illustré cela par la parabole de l'éléphant que vous connaissez peut-être, mais que je ne résiste pas au plaisir de vous citer :

« L'éléphant se trouvait dans une maison obscure : quelques Indiens l'avaient amené pour l'exhiber.

Islam, l'autre visage

Afin de le voir, plusieurs personnes entraient, une par une, dans l'obscurité.

Étant donné qu'avec les yeux c'était impossible, chacun tâtait dans le noir avec la paume de sa main.

La main de l'un se posa sur la trompe ; il dit : « Cette créature est comme un tuyau pour l'eau. »

La main d'un autre toucha son oreille : elle lui apparut semblable à un éventail.

Un autre, ayant saisi sa jambe, déclara : « Je trouve que la forme d'un éléphant est celle d'un pilier. »

Un autre posa la main sur son dos et dit : « En vérité, cet éléphant est comme un trône. »

De la même façon, chaque fois que quelqu'un entendait la description de l'éléphant, il la comprenait d'après la partie que sa main avait touchée.

Selon l'endroit " vu ", leurs affirmations différaient, un homme l'appelait " dal ", un autre " alif ".

Si chacun d'eux avait tenu une chandelle dans sa main, la différence aurait disparu de leurs paroles. »

Cela veut dire qu'on ne peut exprimer que ce qu'on a ressenti soi-même et qu'il existe autant de voies qu'il y a de pèlerins.

En d'autres termes, qu'il y a autant de définitions du soufisme qu'il y a de soufis.

Vous avez compris.

Dans ces conditions, on peut au moins chercher quels sont les points communs à tous les soufis et même à tous les mystiques.

J'ai envie de vous répondre par deux citations tirées des lettres de Rûmî :

« Celui qui s'abandonne à Dieu, Dieu lui suffit. »

et :

« Je ne serai pas satisfait d'une goutte d'eau :
Il faut que tu me jettes dans ton ruisseau. »

L'abandon donc. Ce que les chrétiens appellent : l'abandon à la divine Providence ?

Oui, l'abandon, auquel il faut ajouter la louange qui en est la conséquence naturelle.

Il est tellement important de rendre grâce. Écoutez ce qu'écrit Rûmî à ce sujet :

« Quand le Dieu très haut désire faire descendre Sa grâce, Sa faveur, Sa libéralité, Sa félicité d'une manière durable sur un serviteur d'entre Ses serviteurs, Il lui accorde le bonheur de rendre grâce. S'il lui arrive cent sujets d'amertume et un seul sujet de douceur, il célèbre cette douceur unique cent fois, en cent lieux, tandis qu'il ne redit pas une seule fois les cent sujets d'amertume, à l'exception de l'amertume produite par la séparation d'avec les compagnons de la foi... »

Tout cela nous amène peu à peu au cœur du soufisme qui est, nous le croyons, la recherche constante de l'Unité.

Rûmî a écrit : « Notre *Mathnawî* est la boutique de l'Unité et quoi que tu voies là, sauf l'Unique, est une idole. »

Je pourrais vous citer, dans la seule œuvre de Rûmî, des centaines de textes sur l'Unité, sur la fusion du soufi et de son Dieu. Il s'agit en fait d'une lancinante nostalgie qui

Islam, l'autre visage

pousse l'amoureux de Dieu à vouloir par-dessus tout retrouver l'Unité perdue. Hors de cette Unité, nous vivons dans l'illusion.

Je crois entendre un lama bouddhiste.

Et pourquoi pas ? Eux aussi connaissent cette nostalgie et votre lama pourrait applaudir des deux mains en entendant réciter ce texte de Rûmî :

« Quand l'homme et la femme deviennent un, Tu es cet Un ; quand les unités sont effacées, Tu es cette Unité.
Tu as façonné ce " Je " et ce " Nous " afin de pouvoir jouer au jeu de l'adoration avec Toi-même,
Afin que tous les " Je " et " Tu " deviennent une seule âme et soient à la fin immergés dans le Bien-Aimé » (*Mathnawî*).

Ou encore, toujours tirés du *Mathnawî*, ces deux vers admirables :

« Si tu bois, assoiffé, de l'eau dans une coupe, c'est Dieu que tu contemples au sein de l'eau.
Celui qui n'est pas un amoureux de Dieu voit dans l'eau sa propre image. »

Nous sommes tous comme le fameux pilier de la mosquée de Médine. Le Prophète avait coutume de prêcher adossé contre lui. Un jour, une chaire fut placée dans la mosquée. En voyant cela, le pilier se mit à sangloter. Le Prophète l'entoura de ses bras et lui demanda ce qu'il désirait si fort et le pilier répondit : « Mon âme est déchirée par la séparation d'avec toi. »

C'est si beau ! Nous avons envie de vous demander encore des citations et des histoires. Je crois que nous pourrions vous entendre des journées entières.

Il est vrai qu'on ne s'ennuie pas avec Rûmî. Pour répondre à votre demande, voici deux textes qui illustrent parfaitement ce qu'est pour lui cette Unité à laquelle il aspire de toute son âme.

Le premier est tiré de *Fîhi-mâ-fîhi* :

« En la présence de Dieu, deux " Je " ne peuvent être contenus. Tu dis " Je " et Il dit " Je ". Bien ! Ou tu meurs devant Lui ou Lui mourra devant toi, afin qu'il ne demeure pas de dualité. Mais il est impossible et inconcevable que Dieu meure ; car Il est le Vivant, l'Immortel... Or comme il n'est pas possible qu'Il meure, il te faut mourir afin qu'Il Se révèle Lui-même à toi et que la dualité disparaisse. »

Et le second texte ?

Il est tiré du *Mathnawî*.

« Une amante demande à son amant : " Qui aimes-tu davantage : toi ou moi ? " Il répondit : " Je suis mort à moi-même et vivant par toi ; je suis devenu non-existant en ce qui concerne moi-même et mes attributs et existant par toi ; j'ai oublié ma propre connaissance et suis devenu connaissant par ta connaissance ; j'ai perdu toute idée de mon propre pouvoir et suis devenu puissant par ta puissance... »

On pourrait continuer longtemps

C'est vous, bien entendu, qui avez traduit ces textes ?

Oui. Tous les textes que je vous cite sont déjà dans mes livres, mais je suis heureuse de les partager avec vous.

Rachel et moi, nous nous répétons souvent ce vers du Dîwan :

« Je suis ton luth, c'est toi qui joues sur chacune de mes cordes, et qui les fais vibrer. »

Je vous ai déjà parlé du rôle qu'ont joué la musique et la danse chez Rûmî. Sans cesse, il se compare à un instrument de musique sur lequel joue le Bien-Aimé :

« Nous sommes la harpe et c'est Toi qui joues sur nos cordes... »
« Nous sommes la flûte, notre musique vient de Toi... »

La danse elle-même, le « Sama » dont nous avons déjà parlé, n'est pour le derviche qu'un moyen de se fondre avec son Dieu. Il danse comme les atomes de la création.

J'avoue que nous n'en avons pas cru nos oreilles lorsque vous nous avez parlé de sa connaissance des atomes.

Il y a en effet de quoi être surpris. Rûmî est l'homme des intuitions fulgurantes. Tout ce qu'il dit, par exemple, de l'évolution est saisissant.

Vous n'allez tout de même pas en faire un précurseur de Darwin ?

Il ne s'exprime certes pas de la même façon, mais il n'en a pas moins une vision très claire de la chaîne de l'évolution qui passe du minéral au végétal, du végétal à l'animal et de l'animal à l'homme. À ma connaissance, nul avant lui n'a dit des choses aussi saisissantes sur ce sujet. J'avoue avoir été stupéfaite en découvrant ce texte pour la première fois :

« Du moment où tu vins au monde de l'existence,
Une échelle a été placée devant toi pour te permettre de t'évader.
D'abord, tu fus minéral, puis tu devins plante ;
Ensuite tu es devenu animal, comment l'ignorerais-tu ?
Puis tu fus fait homme, doué de connaissance, de raison, de foi ;
Considère ce corps, tiré de la poussière : quelle perfection il a acquise !
Quand tu auras transcendé la condition de l'homme, tu deviendras, sans nul doute, un ange ;
Alors, tu en auras fini avec la terre ; ta demeure sera dans le ciel.
Dépasse même la condition angélique : pénètre dans cet océan,
Afin que ta goutte d'eau puisse devenir une mer... »

D'une certaine façon, il va bien au-delà de la thèse évolutionniste. Il ne s'arrête pas à l'homme. Le but de l'évolution pour lui, si nous comprenons bien, est d'arriver au point où nous nous perdons enfin dans l'Infini. Pouvons-nous croire une chose pareille ? Comment pouvons-nous prendre conscience qu'une telle merveille nous est réservée tout au bout de notre route ?

Il a prévu votre objection ou, si vous préférez, votre incrédulité. Il imagine un embryon dans le sein maternel à qui l'on veut décrire le monde extérieur et ses merveilles.
Bien sûr, l'embryon ne pourrait pas y croire. Ce poème est certainement un des plus surprenants et des plus beaux de Rûmî :

« Si quelqu'un disait à l'embryon dans le sein maternel :
" En dehors d'ici se trouve un monde très bien ordonné,
Une terre agréable, longue et large, remplie de délices et de choses à manger,

Des montagnes, des mers, des plaines, des vergers embaumés, des jardins et des champs semés,

Un ciel très élevé et plein de lumière, le soleil, les rayons de la lune et de cent étoiles ;

Le vent du sud, le vent du nord, le vent de l'ouest, donnant aux jardins l'apparence de banquets de noces et de fêtes.

Ces merveilles sont au-delà de toute description : pourquoi restes-tu misérable dans cette obscurité ?

Pourquoi bois-tu du sang dans cette place étroite au sein de l'emprisonnement, de l'ordure et de la souffrance ? "

L'embryon, en raison de son état présent, serait incrédule, s'écarterait de ce message et ne le croirait pas.

Disant : " Ceci est absurde, c'est une tromperie et une illusion. " Car le jugement des aveugles est dépourvu d'imagination.

Étant donné que l'embryon n'a rien perçu de cette sorte, son incrédulité n'écouterait pas (la vérité).

De même en ce monde, le Saint parle aux hommes ordinaires de cet autre monde, disant : "Ce monde-ci est une fosse extrêmement sombre et étroite ; au-dehors est un monde sans odeur ni couleur. "

Aucune de leurs paroles n'est entrée dans l'oreille d'un seul d'entre eux, car le désir sensuel constitue une barrière énorme et solide.

Le désir ferme l'oreille et l'empêche d'entendre ; l'attachement à soi-même ferme l'œil et l'empêche de contempler.

De même que dans le cas de l'embryon, le désir du sang qui est sa nourriture dans cette vile demeure

L'empêchait de prêter l'oreille aux nouvelles de ce monde. »

Cette joie de l'au-delà, Rûmî ne cesse d'en parler. Elle est pour lui l'aboutissement et nous n'avons été créés que pour la connaître un jour. Il ne cesse de s'émerveiller et ses méditations le conduisent parfois sur d'étranges chemins. Celle par exemple qui évoque la goutte de sperme qui n'a ni ouïe ni intelligence et à partir de laquelle, pourtant, naît le corps humain si complexe et si harmonieux. Il assiste au développement des organes et à la montée de l'intelligence. Cette incroyable évolution ne peut pas ne pas avoir de but et ce but, il ne cesse de l'affirmer, c'est d'arriver au ciel dont « la nature est de dilater l'âme dans la joie ».

C'est ainsi qu'il voit sa mission : éveiller les hommes, leur faire comprendre que leur destin va bien au-delà de cette terre, qu'ils sont appelés à la Connaissance et à un avenir radieux dont ils ne peuvent avoir la moindre idée.

Il n'y a pas de temps à perdre et le maître spirituel est là pour inciter les hommes à se mettre en marche sans attendre.

« Si nous nous laissions aller au sommeil, disait-il en évoquant sa mission, qui porterait remède à tous ces infortunés endormis ? Je les ai tous pris à ma charge, afin de demander à Dieu de les faire parvenir à la perfection. »

Car l'homme est fait pour être parfait. C'est sans doute cela l'intuition fondamentale de Rûmî. Savoir que l'homme passe infiniment l'homme et que le rôle du Maître, en dernière analyse, consiste à le faire devenir ce qu'il est. Il est un accoucheur qui doit mettre au monde cet homme parfait que nous sommes tous appelés à devenir.

Islam, l'autre visage

Je comprends maintenant pourquoi vous nous avez dit un jour qu'il était le Maître spirituel parfait.

Il l'était et il l'est encore. Pour reprendre une de ses images, il se voit comme le serviteur qui vient agiter le petit lait dans la baratte afin que le Moi caché qui est en nous, qui est en tout homme, puisse se libérer comme le beurre, ou plutôt le goût du beurre se libère du petit-lait.

VI

La mort a dû être pour Rûmî comme une apothéose.

Elle l'a été. Dans toute la Turquie, son anniversaire est appelé « La nuit des noces ». Quelques jours avant sa mort en effet, à quelqu'un qui venait lui souhaiter le retour à la santé, Rûmî avait demandé :

« Quand je dois m'unir à l'éternité, la nuit de mes noces, pourquoi voulez-vous que je reste ici ? »

Il a dit aussi au cheikh Sadr-ud-Dîn venu à son chevet :

« Quand entre l'Amant et l'Aimée il n'y a plus qu'une chemise de crin, ne voulez-vous pas que la lumière s'unisse à la lumière ? »

Il est mort le 17 décembre 1273 au coucher du soleil. À Konya, tous les ans à cette date, a lieu une grande danse des derviches qui, malheureusement, ces derniers temps, est devenue un peu folklorique.

Ses funérailles ont dû être grandioses.

Magnifiques. Nous les connaissons bien car elles ont été racontées par Aflâkî. Tous les habitants étaient là, les musulmans, mais aussi les chrétiens et les juifs car tous se reconnaissaient en lui. Tous pleuraient, poussaient des cris, déchiraient leurs vêtements. Qui connaît les foules de l'Orient n'a aucun mal à imaginer cette journée. Les juifs avançaient dans le cortège en chantant des psaumes, les chrétiens en proclamant l'Évangile et nul ne songeait à les écarter.

On n'avait jamais vu encore un œcuménisme aussi universel. Au point que le sultan s'en étonna et fit venir les chefs des chrétiens et des juifs pour leur demander des explications. Pourquoi célébraient-ils ainsi un musulman ?

Aflâkî rapporte ainsi leur réponse : « En le voyant, nous avons compris la vraie nature de Jésus, de Moïse et de tous les prophètes ; nous avons trouvé en lui la même conduite que celle de nos prophètes parfaits telle que nous l'avons lue dans nos livres. N'a-t-il pas dit : « Nous sommes comme une flûte qui, dans un seul mode, s'accorde avec deux cents religions ? »

Pour nous qui avons pu le lire grâce à vous, Rûmî, c'est avant tout cela : la tolérance absolue née de la certitude qu'il n'y a qu'un seul Dieu aimant tous les hommes et que l'expérience profonde qu'ils font de ce Dieu est la même pour tous les mystiques.

C'est bien pour cela que j'ai été tellement attirée par lui lorsqu'il m'a été donné de le découvrir.

Au point de lui consacrer votre vie...

Bien sûr. Que pourrait-il y avoir de plus important ? Lorsque je suis à Konya, je pense souvent aux obsèques de Rûmî, à la foule, aux appels du muezzin, aux chants funèbres...

Et parmi tous ses poèmes, j'aime me répéter celui-ci, qu'il a écrit à la fin de sa vie :

« Notre mort, c'est nos noces avec l'éternité.
Quel est son secret ? Dieu est un.
Le soleil se divise en passant par les ouvertures de la maison ;
Quand ces ouvertures sont fermées, la multiplicité disparaît.
Cette multiplicité existe dans les grappes :
Elle ne se trouve plus dans le suc qui sourd du raisin.
Pour celui qui est vivant dans la lumière de Dieu,
La mort de cette âme charnelle est un bienfait.
À son sujet, ne dis ni mal ni bien,
Car il est passé au-delà du bien et du mal. »

J'imagine que le lieu où il est enterré est encore aujourd'hui un lieu de pèlerinage.

Bien sûr et c'est plus que cela : c'est le cœur de Konya. On voit de loin la coupole de son mausolée dont les tuiles émaillées reflètent le soleil. C'est un véritable lieu de paix avec ses arbres et sa fontaine qui n'arrête pas de chanter.

À l'intérieur le tombeau apparaît immense. Il est placé sur une estrade entourée d'une balustrade d'argent et recouvert d'une somptueuse couverture brodée de lettres d'or retraçant des versets du Coran. Les fidèles ne baisent pas directement le tombeau mais les deux marches qui y mènent. La lumière est très douce, donnée par des lampes qui pendent du plafond.

Rûmî n'est pas seul dans le mausolée. Il y a près de lui son fils, Sultan Valad, qui fut le continuateur de son œuvre et son père qui, selon la tradition, a voulu mourir debout par respect pour le Prophète venu l'accueillir au seuil du Paradis. Il y a aussi un trésor fait de riches manuscrits enluminés du Coran et du *Mathanawî*, des tapis d'Anatolie, des instruments de musique, des vêtements ayant appartenu à Shams et à Rûmî ainsi qu'un tapis qui lui fut offert pour son mariage.

Dans la cour sont disposées des cellules, car il y a eu là un couvent jusqu'en 1925, date à laquelle Mustapha Kémal a supprimé les confréries. On y voit encore le réfectoire et la vaste salle commune où, chaque vendredi après la prière, les derviches se livraient à la danse cosmique. Tout cela est devenu un musée mais reste extrêmement émouvant.

Tout le monde peut entrer, même les « infidèles » ?

Bien sûr. J'ai toujours admiré chez Rûmî cet universalisme qui n'était d'ailleurs pas du goût de tout le monde. Au fronton de son mausolée est inscrite cette invitation fraternelle : « Viens, viens, qui que tu sois, c'est ici la demeure de l'espoir. »

Je suis d'ailleurs persuadée que ce n'est pas un hasard s'il est venu s'installer à Konya dans sa jeunesse et s'il y est resté toute sa vie.

Vous avez écrit tout un livre sur Konya.

Oui parce que ce n'est pas une ville comme les autres. Je peux dire qu'elle a été la première ville évangélisée. Vous semblez surpris. Sans doute ne savez-vous pas que Konya est l'Iconium de saint Paul.

Souvenez-vous : après son illumination sur le chemin de Damas, il a été recueilli par Ananias qui l'a caché dans sa maison, une maison que j'ai visitée à Damas, dans la rue Droite. Ananias l'a aussi fait évader lorsque les choses ont commencé à aller mal pour lui. Paul s'est enfui avec Barnabé qui était originaire d'Iconium. C'est donc tout naturellement vers cette ville qu'ils se sont dirigés. Voici pourquoi je

Islam, l'autre visage

vous dis qu'elle a été la première ville évangélisée. Plus tard, c'est également là que Timothée a commencé sa carrière de missionnaire.

La légende veut que Paul ait prêché dans la demeure d'un certain Onésiphore. Juste en face de cette maison habitait une belle jeune fille nommée Thécla. D'après *Les voyages de Paul et de Thécla,* un roman populaire de la première moitié du second siècle, la mère et le fiancé de Thécla auraient dénoncé Paul au gouverneur d'Iconium. La jeune fille aurait donné tous ses bijoux pour obtenir la libération de celui qui était devenu son père spirituel. Condamnée à être brûlée sur la place publique, elle aurait été miraculeusement sauvée et elle serait partie à la suite de Paul.

On peut voir encore aujourd'hui, aux environs de la ville, l'église Sainte-Thècle qui doit être l'une des plus anciennes églises du monde.

Permettez-moi une courte digression : peu de gens savent que les épîtres de Paul sont antérieures de 20 à 25 ans aux premières rédactions des Évangiles. Et savez-vous comment on a pu les dater ? C'est une très curieuse histoire : dans l'épître aux Romains, Paul dit : « La onzième année du quatrième triomphe de Claude, je suis allé voir les frères à Jérusalem... » Malheureusement, on ne savait pas à quelle date eu lieu le quatrième triomphe de Claude.

Il y a vingt-cinq ans environ, un archéologue anglais a écrit à une société savante de Londres qu'il venait de trouver à Chypre une stèle votive du quatrième triomphe de Claude. Cette stèle a donc permis, après de savants calculs, de dater l'épître aux Romains de Pâques 56, c'est-à-dire 24 ans avant la première version de l'évangile de Marc.

Vous le voyez, Konya est donc une ville importante pour les chrétiens. Ceux-ci la redécouvriront plus tard grâce à Jean du Plan Carpin, ambassadeur de saint Louis, lorsqu'il la traversera pour aller en mission chez le grand Khan des Mongols à Karakorum. Il la décrira comme « la belle

Iconie », une ville aussi belle que Cologne avec une multitude de clochers.

Peu après, elle devient la Konya de Rûmî, si bien que pendant deux siècles, Konya a connu une période de symbiose des religions absolument extraordinaire. Il ne s'agit pas de tolérance... Je n'aime pas ce mot car il évoque toujours une certaine condescendance. Il s'agit vraiment d'un universalisme fraternel dont je signale en passant qu'il est l'essentiel du véritable Islam.

Que cela ne soit pas vécu dans le monde actuel n'a rien à voir avec l'essence même des choses.

On peut tout de même se demander pourquoi cet universalisme a fait place à l'intolérance.

Cela s'est fait graduellement. Vous savez, le colonialisme n'a pas fait beaucoup de bien. Quand il y a de la violence d'un côté, il y a toujours une réponse.

Mais cet universalisme a dû s'arrêter bien avant le colonialisme.

Pas sur le plan de la pensée. Il y a peut-être une espèce de sclérose, d'ankylose. Vous savez, le colonialisme ne date pas de la conquête de l'Algérie ou de l'Indochine. Déjà, le 18 mai 1190, les croisés avaient pris Konya d'assaut sans cependant avoir pu s'emparer du palais du sultan. Et par la suite, une fois terminées les croisades, il y a eu tous ces missionnaires qui croyaient bien faire, les pauvres, en tentant de convertir les musulmans et qui ont fait en réalité beaucoup de mal.

Les musulmans n'ont pas été en reste. Croyez-vous qu'ils n'ont pas essayé de convertir les chrétiens ?

Islam, l'autre visage

Sans doute. Et plus le temps a passé, plus les choses se sont durcies. Cela arrive toujours, hélas ! Le christianisme des premiers temps s'est durci, concile après concile, pour lutter contre les hérésies.

L'Islam a bien dû faire de même.

Si vous voulez, mais cela a été moins spectaculaire car le mot « hérésie » n'existe pas dans l'Islam. On parle plutôt d' « innovations malheureuses », ce qui est tout de même plus élégant.

Rûmî, lui, est tout à fait exempt du moindre germe d'intolérance. Cela se sent encore aujourd'hui pour peu qu'on vive quelque temps à Konya. Il aimait beaucoup sa ville et son fils nous raconte qu'il la bénissait souvent en ces termes :

« Dorénavant, donnez à Konya le surnom de « ville des saints », car tout enfant qui y viendra à l'existence sera un saint. Tant que le corps béni de Bahâ-od-Dîn Valad et ceux de sa descendance seront dans cette ville, celle-ci sera à l'abri du sabre ; son ennemi n'arrivera pas à ses fins et, finalement, périra. Elle sera en sécurité contre les malheurs de la fin des temps. Si même une partie en est ruinée et effacée et si son importance diminue, néanmoins, elle ne sera pas démolie en totalité ; car, si elle était ruinée, notre trésor y resterait enfoui. »

Cela nous rappelle saint François bénissant Assise.

Mais vous savez, je pourrais vous citer de nombreux épisodes de la vie de Rûmî qui rappellent irrésistiblement les « Fioretti ».

Racontez-nous au moins quelques-unes de ces histoires. Elles nous iront droit au cœur, à nous qui sommes des amoureux de saint François.

On raconte que saint François a fait taire un jour les oiseaux qui empêchaient ses auditeurs d'entendre son sermon. Eh bien, Rûmî a fait la même chose avec des grenouilles. Un jour qu'il avait rassemblé ses disciples à proximité d'un étang, les grenouilles firent un tel vacarme qu'il leur cria d'une voix puissante : « Qu'est-ce que c'est que ce tapage ? Est-ce à vous de parler ou à nous ? » Les grenouilles se turent immédiatement et restèrent silencieuses jusqu'au moment où, d'un signe, Rûmî leur permit de reprendre leur concert.

Comme saint François, il vivait dans une harmonie totale avec la nature. « Les arbres, disait-il, me reconnaissent et répondent à mon salut. » Comme saint François, il éprouvait un amour fou pour toutes les bêtes. Troublé un jour par le regard que lui jeta un bœuf que l'on conduisait à l'abattoir, il l'acheta pour le sauver de la mort.

Un autre jour, un disciple fut tout étonné d'entendre Rûmî lui demander d'aller acheter une grande quantité de friandises. Ce n'était certes pas une demande habituelle car le Maître était, vous vous en doutez, d'une extrême sobriété. Le disciple alla acheter les friandises et les remit à Rûmî qui, sans dire une parole, les prit, les couvrit d'une serviette et se mit en marche. Intrigué, le disciple ne put s'empêcher de le suivre. « Je marchai tout doucement derrière lui, raconta-t-il par la suite ; il alla jusqu'à des ruines où je vis qu'une chienne avait mis bas. Le Maître donna toute la provision pour la nourriture de cette chienne. Je restai stupéfait de cette compassion, de cette pitié. « Il y a sept jours, me dit-il, que cette malheureuse n'a rien mangé, car, à cause de ses petits, elle ne peut s'absenter. C'est Dieu qui a transmis ses plaintes à mes oreilles et qui m'a ordonné de la consoler. »

N'est-ce pas une histoire typiquement franciscaine ?

De toutes les villes que je connais, trois se ressemblent par l'atmosphère de douceur et de foi qui les baigne. Vous l'avez deviné : ce sont Konya, Médine et Assise.

Vous savez, les grands saints imprègnent les villes qu'ils ont habitées. Des siècles et des siècles après leur mort, on y sent encore leur présence et il arrive, pour peu qu'on soit attentif, qu'on y éprouve cette soif de l'Absolu qui a été la leur tout au long de leur vie.

Cette soif dont Rûmî a écrit :

> « Lève-toi, ô amoureux,
> Montre quelque impatience :
> Le bruit de l'eau,
> toi assoiffé
> et tu dors ! »

VII

C'est étrange : la première fois que, pour écrire « Les prophètes d'aujourd'hui », nous avons rencontré des musulmans, nous étions pleins d'inquiétude. Nous avions encore dans les oreilles les vaticinations de l'imam Khomeiny et voici que vous, qui vous êtes faite musulmane, vous ne nous parlez que d'universalisme et d'amour.

Je vous parle de Rûmî et des maîtres soufis d'hier et d'aujourd'hui qui sont des êtres de tendresse et d'ouverture. Je dois dire qu'en les lisant, en les traduisant, je suis allée d'émerveillement en émerveillement. De leur universalisme, je pourrais vous citer des exemples par centaines.

Pour rester chez Rûmî, il a écrit un jour dans *Le Livre du dedans* que les chemins qui conduisent à la Mecque sont certes divers. On peut y aller sur la terre ou par la mer, passer par Byzance ou par la Syrie, parcourir de grandes ou de petites distances. Mais qu'importent les chemins ? L'essentiel n'est-il pas d'aboutir en ce lieu où, d'un coup, cessent les discussions et les controverses, en ce lieu où les cœurs s'ouvrent et s'unissent ? « Cet élan du cœur, dit-il, n'est ni la foi ni l'infidélité, mais l'amour. »

Il accueillait tous les hommes qui venaient à lui sans même leur demander à quelle religion ils appartenaient. Il avait même lié une amitié très forte avec l'évêque de Konya. Après la mort de sa première femme qui lui avait laissé deux enfants en bas âge, il s'est remarié avec une chrétienne récemment convertie à l'Islam.

Au cours des âges, cette tradition d'universalisme n'a pas faibli dans la confrérie. L'un de ses membres, Assûr Didi, est même devenu, au XVIIe siècle, un très grand spécialiste de la Thorah et de l'Évangile. D'ailleurs, la *tariqa* a toujours été marquée par cette absence de fanatisme qui attirait vers elle des disciples d'autres confessions dont les croyances étaient respectées.

Je ne voudrais pas abuser des citations mais celle-ci tirée d'une lettre de Rûmî, me semble illustrer parfaitement ce que je viens de dire :

« Donc, comme les prophètes se reconnaissent l'un l'autre, si vous n'admettez pas l'un d'entre eux, c'est comme si vous n'en admettiez aucun. En fait, c'est une seule lumière qui apparaît à travers différentes fenêtres et qui vous parvient à travers la personne de chaque prophète. Si tu refuses une partie de cette lumière, cela montre que tu es comme une chauve-souris qui dit : « Je suis opposée au soleil de cette année, mais j'accepte le soleil de l'année dernière. » En fait, le soleil de l'année dernière et celui de cette année ne sont pas deux, mais le même. Mais la différence, c'est que tu n'as pas expérimenté ce qu'était le soleil de l'année dernière. »

Ce que vous dites me touche tout particulièrement... Quand j'étais petit, les bons Pères de mon collège nous disaient sans cesse qu'il fallait croire et cela me remplissait de confusion et de malaise, car enfin, croire, ce n'est pas si facile que cela. On ne peut se forcer à croire. On ne peut en tout cas pas croire de l'extérieur, croire parce qu'on nous dit de croire. C'était une démarche qui me semblait impossible, comme si je pressentais déjà que la croyance, la foi si vous préférez, doit venir de l'intérieur, d'une Présence qui est en nous.

Exactement. Je suis peut-être trop intellectuelle, mais je ne suis pas capable de savoir comment est Dieu. Je ne peux pas me le représenter et je ne le veux pas. Mais je sais qu'il y a un Absolu qui est au-delà de tout ce qu'on peut savoir ou imaginer. Quand vous voyez qu'un spermatozoïde peut devenir Mozart ou Einstein, vous ne pouvez pas ne pas penser qu'il y a une intelligence derrière tout cela. Il y a donc un Absolu, mais il Se révèle ou ne Se révèle pas.

S'il ne Se révèle pas, vous avez une religion de type bouddhiste dans laquelle, à force de purifications successives, vous grimpez les échelons d'une échelle en haut de laquelle vous pouvez commencer à avoir une petite idée. Quand le Bouddha répondait à ses disciples l'interrogeant sur l'immortalité de l'âme, il le faisait comme un papa à qui son petit garçon de six ans demanderait ce qu'est la relativité d'Einstein : « Nous en reparlerons quand tu auras fait math-sup. » Tout comme ce papa, le Bouddha répondait en substance à ses disciples : « Nous en reparlerons quand vous aurez atteint un niveau de conscience suffisant. »

À l'inverse, les trois religions abrahamiques s'accordent pour dire que Dieu Se révèle à l'homme. Cette révélation nous apprend qu'Il est miséricorde. Mais Il ne peut pas Se révéler d'une façon fondamentalement différente à des Chinois, des Indiens ou des Arabes. Il est nécessairement le même pour tous. Le message fondamental est le même, et c'est lui qui est l'Essentiel. Tout le reste n'est que réflexion sur une donnée révélée qu'on peut interpréter de différentes façons.

Vous voulez dire que dans l'Essentiel, au-delà des interprétations, tous se retrouvent ?

Bien sûr.

Mais retrouve-t-on ce sens de l'universalisme dans le Coran ?

Je me contenterai de deux citations.

Le Coran dit : « Si vous êtes chrétiens, juifs ou sabéens (Les Sabéens étaient les grands idolâtres de l'époque), et si vous faites le bien, vous n'avez rien à craindre de votre Seigneur. »

Le Coran dit aussi : « Si Dieu avait voulu, il aurait fait de vous une seule communauté religieuse. Il a voulu vous éclairer par vos différences. Donc faites le bien, aidez-vous les uns les autres et Dieu vous éclairera un jour sur vos divergences. »

Nous devons donc sans cesse revenir à ce qui est fondamental ?

Tout à fait. Ce qui est fondamental, c'est de dire, du fond de son cœur et de sa pensée, qu'il ne peut pas y avoir de divinité si ce n'est la Réalité suprême. Cela, tous les croyants de toutes les traditions peuvent l'affirmer. Comme le disait Simone Weil, le polythéisme, ce n'est pas de croire ou non à Jupiter ou à d'autres dieux mais de vouer un culte à l'argent, au pouvoir, à une autorité, à une pensée...

Donc il ne peut y avoir que cette Vérité, que cette Réalité. Le reste, ce sont des histoires humaines. Bon, c'est d'accord, on ne boit pas de vin, on fait le ramadan ou le carême... Et c'est bien, qu'on le fasse ! Je ne bois pas de vin parce qu'il ne me semble pas nécessaire de ne pas me conformer à une prescription de ma communauté mais ce n'est pas là l'essentiel.

Je crois qu'un jour, en Algérie, j'ai choqué certains musulmans lorsque j'ai dit : « Je trouve qu'il est beaucoup

Islam, l'autre visage

plus grave (pardonnez-moi l'expression) de dire une rosserie sur quelqu'un que de ne pas jeûner pendant le ramadan. »

Il faut pourtant des rites.

Oui, mais le rituel doit surtout servir à cimenter la communauté. Il est tout particulièrement nécessaire à l'Islam qui, sans lui, risquerait de devenir un théisme un peu métaphysique, une sorte de « Weltanschauung », une vision du monde très universaliste, très œcuménique mais un peu floue. Il fallait donc ce rituel pour former la communauté. Les cinq prières par jour, le ramadan etc...

Ce que je trouve tout à fait remarquable, c'est que la prière de l'Islam est une prière cosmique. Elle se relie aux saisons, à la lune, au soleil... C'est une communion avec un cosmos sacralisé. La Fâtiha qui est pour nous l'équivalent du Pater est une prière très cosmique puisqu'on prie debout comme un arbre, agenouillé comme un homme et prosterné comme une pierre. On prend dans ses mains la création tout entière pour l'offrir au nom de l'humanité. C'est la seule prière qu'on dise debout, la seule qu'on dise au pluriel. Elle est la première qu'on dise à l'oreille du nouveau-né et la dernière qu'on murmure au mourant. Elle accompagne toutes les circonstances un peu graves de la vie. Et quand on la termine, on tourne la tête vers les quatre points cardinaux et on appelle la paix sur le monde.

Le bédouin dans son désert sait qu'il est l'heure de prier en regardant les ombres, la date du ramadan est conditionnée par la lune... Je dirais donc que la prière dans l'Islam est une mise c'est bien au diapason d'un cosmos sacralisé.

Ce n'est pas toujours facile, du fait qu'il n'y a pas d'anthropomorphisme possible. Il est plus facile de contempler le visage du Christ que d'être seul face à l'Absolu.

Il y a quand même le Prophète.

Mais on ne le prie jamais. On n'a pas le droit de le prier.

Nous avons entendu beaucoup de récits de gens qui rêvent du Prophète. Ils nous ont dit que quand il venait dans leurs rêves, c'était une grâce.

Oui, mais pas plus que si vous rêvez à saint François d'Assise. Je vous l'ai déjà dit : pour un vrai musulman, il n'y a pas de culte des saints.

Il y a tout de même des gens qui vont sur les tombes des marabouts.

Il y en a, mais c'est un culte qui n'est pas reconnu par les autorités. Évidemment, les gens ont besoin de se consoler, d'avoir quelque chose de plus proche mais le maraboutisme est très mal vu. C'est un peu comme de prier saint Antoine de Padoue pour retrouver un objet perdu.
D'ailleurs, ces cultes n'ont pas la possibilité de se figer, de se solidifier du fait même qu'il n'y a pas dans l'Islam d'autorité suprême. Pas de pape ou de conciles.
Cela permet une grande latitude dans ce qu'il faut ou qu'il ne faut pas croire.

Par exemple ?

Prenez le problème de la réincarnation, des vies successives.

Ne me dites pas que le musulman est libre d'y croire ou non.

Islam, l'autre visage

Bien sûr que si ! Vous savez que les premiers Pères de l'Église y ont souvent cru, notamment Origène et puis il y a eu le coup de barre donné par l'Église, en 560 je crois, au concile de Mâcon qui a déclaré que les gens qui croyaient à la réincarnation méritaient l'excommunication.

L'Islam, n'ayant pas de conciles, ne peut interdire de croire à la réincarnation. Il y a certaines idées dont on peut dire qu'elles ne sont pas très orthodoxes, mais il ne peut y avoir de notion d'hérésie puisqu'il n'y a pas quelqu'un qui décrit ce qui est ou non hérétique. Si quelqu'un affirme par exemple que l'homme peut passer dans un corps d'animal, je suppose que dans un Islam sainement orthodoxe, on lui dira qu'il déraille un peu et qu'il ne semble pas possible qu'après être arrivée au niveau humain, une âme puisse se réincarner dans le corps d'un canard ou d'une fourmi. On lui dira donc qu'il déraille mais, s'il persiste, il ne sera pas excommunié.

Il y a pourtant eu dans l'Islam des martyrs pour cause d'hérésie.

Oui, mais très peu. Vous me direz que c'est encore trop et vous pensez sans doute à Al Halladj. Il faut dire que, depuis très longtemps, il était à couteaux tirés avec son vizir et que, comme il était ivre de Dieu, il se promenait dans les rues de Bagdad en proclamant : « Je suis Dieu ! Je suis Dieu ! » Je pense que dans n'importe quelle religion un peu orthodoxe, on n'aurait pas supporté cela.

C'est bien pour la même raison qu'on a crucifié Jésus.

Oui. Rûmî a écrit de très belles pages là-dessus : « On considère que c'est un suprême orgueil alors qu'en fait, c'est une suprême humilité, puisque Al Halladj voulait dire : « Je ne suis rien. Seul Dieu est. » L'homme qui déclare : « Je suis le serviteur de Dieu. » affirme que deux existent : lui et

Dieu. Mais celui qui dit : « Je suis Dieu » s'est anéanti. Il dit : « Je suis Dieu », c'est-à-dire : « Je ne suis pas, Il est tout, rien n'a d'existence que Dieu. »

Al Halladj aurait pu échapper au supplice en désavouant ce qu'il disait mais il a refusé. Ce qui est étrange, c'est que son plus grand ami, Chubli, qui était aussi un grand théologien, ait assisté au procès sans s'élever contre la condamnation. Lorsqu'on le lui a reproché, il a déclaré : « Je suis navré pour lui mais pourquoi cet imbécile a-t-il été dévoiler le secret des cœurs ? »

Je crois aussi que si certains de ses amis ont laissé faire, c'est qu'une telle attitude était susceptible de devenir nettement sacrilège. D'autres auraient pu se proclamer Dieu sans avoir vécu, comme Al Halladj, l'union transformante.

Comprenez-moi bien : je ne veux pas dire que les musulmans sont blancs comme neige et je suis la première à savoir qu'à notre époque surtout, on ne peut dire cela. Mais enfin — et là je reste dans les faits — on peut compter sur les doigts d'une main les musulmans qui ont été suppliciés pour leur foi. Je n'ai pas besoin de vous rappeler que des suppliciés, il y en a eu des dizaines, pour ne pas dire des centaines de milliers dans le monde chrétien. Il n'y a jamais eu de bûchers dans l'Islam.

Il y a un parallélisme extraordinaire et bouleversant entre la crucifixion d'Al Halladj et celle de Jésus.

C'est vrai et, à propos de Jésus, j'aimerais vous citer ce mot d'Ibn Arabî qui, stricto sensu, peut être considéré comme le plus orthodoxe des orthodoxes de l'Islam. Ibn Arabî a donc dit : « Je crois que Jésus est Dieu, mais je ne crois pas que Dieu est Jésus. » Il a voulu dire par là que Jésus est devenu Dieu parce qu'il s'est dépouillé de lui-même à un point tel qu'il a été totalement habité par Lui.

Islam, l'autre visage

C'est cela l'union transformante dont je vous ai parlé tout à l'heure.

J'ajoute, mais je crois vous l'avoir déjà dit, que les mystiques de l'Islam comparent le livre du Coran à la personne humaine de Jésus. Tous deux sont des moyens de transmettre le message : le Christ par sa personne humaine et par sa parole, le Coran par l'écrit. Vous savez d'ailleurs qu'on ne peut être musulman si on ne reconnaît pas la Thorah et l'Évangile comme des livres sacrés.

Nous voici loin de la réincarnation et nous n'avons pourtant pas épuisé le sujet. Pouvez-vous dire qu'il y a aujourd'hui des musulmans qui croient à la réincarnation ?

Bien sûr qu'il y en a ! Beaucoup de soufis croient à la réincarnation, mais tout à fait individuellement.

Des soufis peut-être...

Mais les soufis sont des musulmans.

Certes mais...

On ne peut pas être soufi sans être musulman, mais on peut être musulman sans être soufi. Il est très important de souligner cela parce que, très souvent, avec un petit peu de racisme spirituel, les gens qui trouvent que les musulmans sont des affreux ajoutent aussitôt : « Ah ! Les soufis, c'est différent ! Nous les considérons comme des marginaux. » Ce serait un peu comme dire que Thérèse d'Avila était catholique mais qu'elle n'était pas chrétienne. Le soufisme n'est pas du tout marginal. Il est, dans le cadre de l'Islam, une intériorisation vécue. Avec évidemment une très grande liberté de pensée qui est d'ailleurs la caractéristique de l'Islam essentiel.

S'il y a une règle, c'est celle-ci : chacun doit comprendre le Coran comme s'il lui était révélé à l'instant même.

Pouvez-vous nous donner un exemple ?

Le Coran dit : « D'étape en étape les hommes sont transformés, mais ils ne comprennent pas car ils sont oublieux. »
Est-ce que cela veut dire une évolution purement spirituelle dans le cadre d'une seule vie ? Est-ce que cela veut dire le léthé, l'oubli entre deux incarnations ? Vous le comprenez comme vous voulez.

Encore une fois, connaissez-vous des musulmans qui croient à la réincarnation ?

Bien sûr que j'en connais et pas des moindres. Je vous ai dit que puisqu'il n'y a pas de hiérarchie ecclésiastique dans l'Islam, il n'y a pas non plus d'autorité suprême mais il y a tout de même des gens qui sont considérés comme plus calés que les autres. C'est le cas de l'ancien recteur de la prestigieuse université d'Ab Azhar, au Caire, mort à présent. C'est lui qui m'a invitée en Égypte et il était devenu un très grand ami, comme il fut d'ailleurs l'ami du grand maître hindou Krishna Menon. Eh bien il m'a dit qu'il croyait fermement à la réincarnation et qu'il la trouvait dans le Coran.
Sans doute avez-vous entendu parler de Amadou Hampaté-Bâ qui fut ambassadeur du Mali à l'U.N.E.S.C.O., en même temps que le grand maître de la plus grande confrérie soufie de l'Afrique Noire. Je l'ai connu alors qu'il était déjà malade et je me souviens qu'un jour que j'étais allé le voir à l'hôpital, je lui ai demandé, après beaucoup de circonlocutions, ce qu'il pensait des vies successives. « Bien sûr que nous y croyons, m'a-t-il répondu. Nous l'enseignons même

dans nos confréries mais à un niveau très restreint pour que les disciples ne se disent pas qu'ayant toute l'éternité devant eux, ils peuvent faire dans cette vie toutes les bêtises possibles et imaginables. Nous ne le disons donc qu'à un très petit nombre de disciples. »

Remarquez qu'en Inde, on dit facilement : « Si ce pauvre type meurt de faim, c'est qu'il a été très méchant dans une vie antérieure. » C'est pour éviter un tel raisonnement que les maîtres restent discrets.

Nous comprenons maintenant pourquoi vous vous sentez si bien dans l'Islam : si vous pouvez prendre le Coran comme s'il vous était révélé à l'instant même, vous retrouvez un peu le libre examen si cher à votre grand-mère protestante.

Vous avez raison : j'y ai trouvé la même liberté.

Face au verset : « D'étape en étape les hommes sont transformés mais ils ne comprennent pas, car ils sont oublieux », Amadou Hampaté-Bâ voyait le léthé, l'oubli entre deux incarnations, tandis qu'un autre pourra dire : « Mais pas du tout ! Cela veut dire que l'homme a une évolution spirituelle au cours d'une seule vie, mais qu'il l'oublie toujours. » Aucun des deux ne sera hérétique.

En vous entendant parler, nous avons souvent l'impression de retrouver la saveur des paroles du cheikh Ben Tounès. Nous l'avons rencontré pour notre livre : Prophètes d'aujourd'hui *et nous avons été frappés par son rayonnement ainsi que par son sens de l'universalisme. Est-ce que vous le connaissez ?*

Naturellement, et depuis longtemps. Je suis heureuse que vous me donniez l'occasion de parler de lui parce que j'ai pour lui et sa *tariqa* une très ancienne amitié, beaucoup de respect, d'admiration et de déférence. Je trouve que c'est un homme extrêmement ouvert. Il n'avait pas du tout l'idée qu'il serait un jour le chef de cette *tariqa* et il a, paraît-il, vécu des moments affreux avant d'accepter de l'être. Tous les gens que je lui ai adressés ont été frappés par sa lumière et par sa bonté tout à fait rayonnante.

Un de ses disciples me racontait que quelqu'un lui avait dit : « Je suis catholique et, depuis que je connais le cheikh, je suis un bien meilleur catholique qu'avant. » Apprenant cela, le cheikh s'était exclamé : « Ah ! Quel bonheur ! » C'est tout à fait lui. Le *tariqa* du cheikh à laquelle je me suis rattachée au Maroc est très liée avec celle du cheikh Ben Tounès et si j'ai besoin d'un conseil de direction spirituelle, il m'arrive de le demander à ce dernier plutôt qu'à mon propre cheikh qui est loin et qui ne parle pas du tout le français.

Il doit être malheureux, tout comme les autres soufis, d'assister à la montée de l'intégrisme en Algérie. Quels sont les rapports des soufis avec ces mouvements extrêmes ?

Les soufis ont toujours détesté les intégristes. D'ailleurs, ils ont souvent été persécutés par les « bien-pensants ». Comme tous les mystiques des autres religions. Saint Jean de la Croix n'est-il pas allé en prison ?

En rencontrant pour la première fois le cheikh Ben Tounès, nous nous attendions à trouver un vieux monsieur barbu enveloppé dans une djellaba. Nous avons rencontré un homme jeune et tout à fait moderne.

Il est parfaitement lumineux, serein et, en même temps, il est vrai qu'il a épousé son temps. Il a mis le Coran sur ordinateur pour que les enfants puissent à la fois étudier leur religion et l'informatique. Il a beaucoup de discerne-

Islam, l'autre visage

ment. Je lui ai présenté plusieurs de mes amis qui souhaitaient entrer dans l'Islam et, chaque fois, il a beaucoup insisté pour qu'ils n'aillent pas trop vite. « Soyez sûrs de ce que vous faites, leur répétait-il sans cesse, et ne vous engagez qu'à bon escient. »

Quelquefois, lorsqu'il m'arrive d'avoir le cafard — pas très souvent heureusement — je me surprends à me dire : « Si le cheikh Ben Tounès était à Paris, je prendrais un taxi et j'irais le voir. »

Ce qui nous a frappés, c'est qu'il y a pas mal d'Occidentaux dans sa tariqa et surtout des jeunes.

C'est vrai et j'en suis heureuse. Il est merveilleux qu'il y ait encore des gens comme le cheikh Ben Tounès. Je le vois comme un contre-poison face aux intégristes.

En fait, il nous rappelle sans cesse que seule compte la Présence.

Vous me faites souvenir de ces mots de Rûmî :

« Tout ce qu'on dit n'est que vain bavardage en comparaison de la vision ; toutes ces paroles ne font que suppléer à la vision ; elles ne sont pas pour celui qui est présent, mais pour celui qui est absent. »

Moi qui parle tant avec vous ces temps-ci, je veux tout de même insister sur le fait qu'il faut se méfier des paroles. Ce sont elles qui engendrent les erreurs et les contradictions.

Souvenez-vous de la parabole des quatre personnes de nationalités différentes qui voulaient des raisins et qui n'arrivaient pas à se mettre d'accord sur ce qu'ils voulaient parce qu'ils lui donnaient des noms différents. Ils ne cessaient de se quereller. Pourtant leur désir était le même.

VIII

Je voudrais me faire l'avocat du diable. Je suis cent pour cent d'accord avec tout ce que vous nous dites depuis deux jours et très heureux d'entendre ce que j'entends mais tout de même, je suis bien forcé de constater que ça ne correspond pas du tout, mais alors pas du tout, avec l'idée que nous nous faisons chez nous de l'Islam. Sans doute parce que nous parlons ici de l'Islam idéal qui est celui des soufis.

De Rûmî, d'Iqbal, du cheikh Ben Tounès... La liste est longue.

C'est l'Islam que nous aimons, ouvert sur l'universel. C'est très bien, mais ce n'est sûrement pas l'Islam de la guerre sainte, de la fameuse « Djihad ».

Sûrement pas.

Or que voyons-nous dans l'Islam d'aujourd'hui, comme d'ailleurs tout au long de l'histoire ? C'est quand même une religion intolérante, violente, avec des conversions forcées. Une religion contraignante, puritaine à l'extrême et qui réduit les femmes en esclavage. C'est au moins l'idée que la plupart des gens s'en font chez nous. Ont-ils tout à fait tort ? En d'autres termes, je voudrais que vous répondiez à l'avance à tout ce que les gens vont dire et en particulier à ceux qui vont nous accuser, vous et nous, ou d'être de mauvaise foi, ou d'être naïfs et de vivre sur un nuage rose.

C'est très important. Laissez-moi revenir à Iqbal dont les ancêtres étaient des Brahmanes et qui est né au Pundjab de parents musulmans. Il a commencé à étudier la philosophie en Inde, puis en Allemagne, et en Angleterre. Ses études furent si brillantes que certains de ses maîtres traduisirent eux-mêmes certaines de ses œuvres. C'est ainsi que Nicholson traduisit son *Mysteries of the Self*. Iqbal n'entendait pas apporter un message personnel. Il voulait seulement exposer la conception que peut se faire de l'Islam un musulman moderne. Il a écrit :

« L'Islam n'enseigne pas la renonciation au monde d'ici-bas, mais il condamne l'attachement au matérialisme. Il estime que l'homme peut aspirer au bien-être dans cette vie et au bien-être dans l'au-delà. »

Dans *L'aile de Gabriel*, écrit à la fin de sa vie, Iqbal essaie de montrer que la conscience de soi et l'action sont les deux pôles essentiels. Il veut que sa philosophie ait une application dans l'ordre de l'humain et qu'elle soit de portée universelle...

Excusez-nous, mais vous ne répondez pas à la question que nous vous avons posée. On va vous accuser de décrire un Islam tout à fait idéal et non l'Islam tel qu'il est vécu et pratiqué.

Vous avez raison, mais ne peut-on pas dire la même chose de toutes les religions ? Certes, l'Islam tel qu'on le voit de l'extérieur semble n'être pas toujours à la hauteur de ses principes, mais n'en va-t-il pas de même, par exemple, avec le christianisme ? Sa tâche n'est-elle pas de transmettre un message d'amour et de paix universelle ? Donc on peut parler du christianisme dans ses principes, du christianisme des mystiques et des saints authentiques, mais on peut parler aussi de l'intolérance, du massacre des Cathares, de la saint Barthélémy et des intégristes d'aujourd'hui.

Comme nous ne faisons pas une étude sociologique, nous devons nous baser sur les principes. Et les principes de l'Islam, comme ceux du christianisme, font appel à l'amour, à la tendresse et à l'universalisme.

Pourriez-vous nous donner des exemples ?

Parlons, si vous le voulez, du sort de la femme dans l'Islam.

Un cheval de bataille pour tous ceux qui critiquent l'Islam.

Précisément. Pour être juste, il faut mettre d'un côté les principes et de l'autre les réalités sociologiques.

J'ai été frappée de voir, par exemple, la liberté des femmes au Pakistan. J'ai rencontré récemment deux jeunes filles maliennes qui revenaient du pèlerinage et j'ai eu le malheur de leur dire, un peu hypocritement : « Quand vos parents vous choisiront un mari... » Elles m'ont sauté au visage comme des chattes en colère et elles m'ont dit : « Quand nous amènerons à nos parents un garçon qui nous plaira pour demander leur accord, alors, nous en reparlerons. » Elles pouvaient parler ainsi et vivre ce qu'elles vivaient parce que la sociologie du Mali n'est pas celle de l'Arabie saoudite.

Au Caire, les étudiantes indonésiennes étaient beaucoup plus libres que les étudiantes libyennes, soudanaises ou même algériennes. Il est évident que la sociologie maghrébine n'est pas en général très féministe. Mais croyez-vous qu'elle soit très différente de la sociologie de Sicile ou de

Sardaigne ? La « mamma » italienne avec ses innombrables gosses et son fichu noir sur la tête est-elle donc si différente de la « mamma » d'Afrique du Nord ?

Je crois qu'il faut comparer des choses comparables, des classes sociales comparables, des milieux culturels comparables. Une agrégée de Droit du Caire est aussi différente d'une paysanne kabyle qu'une agrégée de Droit de Milan est différente d'une paysanne du fin fond de la Sicile. D'ailleurs, si nous nous enfonçons dans ces comparaisons sociologiques, nous n'en sortirons jamais.

À mon avis, ce n'est pas l'Islam qui est sclérosé ou retardataire. Ce sont les sociologies qui ne suivent pas. Il y a dans le Droit musulman, pour citer un cas concret, des tas de possibilités données aux femmes qu'elles ont parfaitement le droit de saisir et de faire mettre dans leur contrat de mariage. Il est vrai que, souvent, elles ne le font pas...

Par exemple ?

Par exemple, même si elles sont enfermées dans un asile d'aliénés, leur mari n'aura pas le droit de prendre une deuxième femme. C'est écrit noir sur blanc. Le malheur est que, dans les milieux peu évolués, on ne connaît pas le Droit et les possibilités qu'il offre. Le grand cheikh d'Al Ahzar m'a dit un jour : « Je voudrais que vous appreniez à nos filles à être un peu plus au courant de leurs droits. Elles seraient certainement beaucoup plus heureuses. »

Elles souffrent malheureusement du poids des coutumes, des superstitions, des traditions qui existent tout autant, et qui sont tout aussi contraignantes, dans les villages perdus de Grèce, du sud de l'Italie ou de l'Espagne. C'est le monde méditerranéen qui est comme cela.

Ce qu'il faut voir, c'est ce qui est dans les textes.

Vous ne pouvez tout de même pas empêcher qu'à une époque où on parle un peu à tort et à travers du « renouveau » de l'Islam, que ce soit en Iran, en Algérie et, peut-être demain, au Maroc, sans parler de l'Arabie saoudite, vous ne pouvez donc pas empêcher que, dans l'esprit des gens, ce « renouveau » de l'Islam ne soit assimilé à encore plus d'intolérance, de violence, d'intégrisme et de mise en esclavage des femmes.

Malheureusement, mais il me faut le répéter parce que beaucoup ne veulent pas entendre, c'est un problème de sociologie. Vous voyez des faits qui sont religieux en apparence mais qui, en réalité, n'ont rien à voir avec l'essentiel de la religion

Mais comment se fait-il que ce soit arrivé ? Vous disiez que l'Islam a la chance de ne pas avoir de hiérarchie, mais il semble bien que ce soit la hiérarchie qui soit à la base de ce néo-intégrisme.

Il n'y a pas de hiérarchie, mais il y a des meneurs, des gens bornés qui réprouvent en bloc et sans faire la part des choses une société née du colonialisme. Ces gens-là voient la femme occidentale comme une prostituée, ou presque. Ils sont incapables de voir qu'une bonne famille bourgeoise française peut avoir une fille qui ne se conduit pas comme une traînée.

C'est dommage, mais que voient-ils de l'Occident ? Les films pornos, une certaine littérature, les mini-jupes, les seins nus sur les plages... Tout cela qui n'est pas très grave, mais qui choque en eux quelque chose de fondamental.

Les meneurs politiques s'emparent de cela, mais l'Islam dont ils se réclament est un Islam de contestation, non l'Islam en soi.

C'est inquiétant, j'en conviens, mais c'est le fait d'ambitieux ou d'illuminés qui font beaucoup parler d'eux mais qui sont loin d'avoir l'importance que vous leur accordez. J'ai des amis Algériens, Marocains, Égyptiens qui sont parfaitement féministes dans le bon sens du terme. Pour eux, le féminisme ne consiste pas à se mettre toute nue sur une plage, mais à prendre un maillot de bain comme tout le monde.

J'aimerais aller davantage au fond des choses : le grand problème de l'Islam aujourd'hui, c'est que le Droit coranique est, pour ainsi dire, inclus dans le Coran. Cela rend les réformes difficiles.

L'Église catholique connaît, me semble-t-il, le même genre de difficultés. La loi sur les divorcés remariés me paraît terriblement dure et injuste. J'ai connu une fille de l'aristocratie française qui a perdu ses parents alors qu'elle était encore très jeune. Elle a été élevée par une grand-mère dont la seule peur était de mourir avant que sa petite-fille ne soit « casée ». Elle l'a donc mariée à un monsieur qui paraissait très bien mais qui l'a abandonnée sans crier gare pour aller en Amérique d'où il n'a plus jamais donné signe de vie. Cette malheureuse s'est retrouvée du jour au lendemain sans argent, sans métier et avec quatre gosses sur les bras. Eh bien s'il s'était trouvé sur son chemin un brave type désireux d'être un bon mari et un bon père pour ses enfants, elle aurait dû y renoncer ou renoncer à sa pratique religieuse. C'est impensable et cruel.

Dans un cas semblable, que fait-on dans l'Islam ?

On peut se remarier.

Le divorce est donc admis ?

Bien sûr. Le divorce peut être demandé par les deux partis sans qu'aucun des deux n'ait le sentiment d'offenser Dieu.
Je veux être claire. Laissons les problèmes sociologiques

et revenons au texte. Dans les principes, la femme n'est pas considérée comme inférieure. Quand le Coran parle des droits fondamentaux, il dit toujours : « Les croyants et les croyantes... les musulmans et les musulmanes... » La femme a sur son mari les mêmes droits que le mari sur sa femme.

Pas en ce qui concerne l'héritage.

C'est vrai : l'héritage de la sœur est la moitié seulement de celui du frère. Je me souviens qu'au début, cela m'avait horrifiée jusqu'à ce que je comprenne pourquoi il en était ainsi. Notez bien qu'on ne peut sortir une prescription juridique de son contexte et la tenir en l'air toute seule. Il faut savoir que, dans le Droit musulman, le mariage se fait toujours sous le régime de la séparation des biens. Si le mari fait faillite, la femme n'est pas tenue de contribuer. Si elle travaille, si elle reçoit des héritages ou des cadeaux, elle peut en faire ce qu'elle veut. D'une certaine façon, elle est même plus indépendante que l'homme, parce que celui-ci est tenu d'entretenir sa femme, sa sœur ou ses parents proches.

Prenez un exemple : des parents meurent en laissant une fille et un garçon. La fille n'aura que la moitié de ce que recevra son frère. Mais elle pourra disposer de sa part comme elle l'entendra. Elle ne sera tenue à rien. Son frère, au contraire, devra lui verser une pension. Il devra également aider les autres membres de la famille qui en auront besoin. Il n'est donc pas du tout injuste qu'il ait une part double de celle de sa sœur.

Ce que vous dites là est peut-être valable pour une société traditionnelle, mais même les musulmans vivent de moins en moins dans des sociétés traditionnelles. Les familles éclatent chez eux comme chez nous et les garçons sont sans doute beaucoup moins solidaires de leurs familles qu'autrefois.

Dans ces conditions, est-ce que cette loi, juste dans son principe, ne devient pas injuste dans les faits ?

Il y a quelques années, alors que je représentais la France dans un séminaire sur la pensée islamique, j'ai posé cette question à trois éminents juristes : au fils d'Iqbal qui est président de la Cour de cassation de Lahore, à maître Ben Djelloun qui était bâtonnier de l'ordre des avocats au Maroc et à un très célèbre avocat égyptien.

Je leur ai dit : « Tout ça, c'est très joli. C'est bien dans une société traditionnelle, mais prenons une hypothèse de travail : les deux parents meurent dans un accident de voiture. La fille reste toute seule au Caire ou à Alger. Elle a un frère qui a quitté la famille à l'âge de 15 ans et qui est devenu riche parce qu'il s'est installé à Chicago où il a épousé une milliardaire. Depuis longtemps, il ne donne plus signe de vie. Allez-vous lui envoyer le double de la part d'héritage et laisser la fille crever de faim à Alger ou au Caire ? »

Tous les trois ont été d'accord pour répondre que ce serait un iniquité et qu'un verset du Coran ne peut provoquer une iniquité. Sur le plan pratique, ne pouvant abroger un verset du Coran, ils se sentiraient obligés d'envoyer au frère le double de la part de la sœur, mais cette part, ils ne l'enverraient qu'accompagnée d'un avenant stipulant ceci : le frère ne pourrait toucher cet argent qu'à condition de s'engager à verser tous les mois une pension alimentaire à sa sœur.

C'est juste et c'est parfaitement conforme à l'esprit du Coran.

Le Droit musulman est un Droit passionnant parce que, comme le Droit anglais, les jurisconsultes y ont une grande liberté d'interprétation. Il y a, bien sûr, le risque que le juge soit borné mais rien n'est parfait sous le soleil.

Islam, l'autre visage

Dites-nous un mot du témoignage. Celui de l'homme, semble-t-il, vaut plus que celui de la femme, puisque le Coran dit :

> « Si vous ne trouvez pas deux hommes,
> choisissez un homme ou deux femmes. »

C'est vrai et cela m'a beaucoup agacée. Aussi ai-je posé la question à mes trois jurisconsultes qui n'ont pas eu besoin de se concerter pour être d'accord. C'était peut-être justifié autrefois, dans les temps anté-islamiques, lorsque les femmes étaient enfermées chez elles. Mais c'est une règle qui, d'elle-même tombe en désuétude.

Vous savez, je suis une femme et je n'aime pas les machistes, mais des machistes, il n'y en a pas que dans l'Islam. Il y a beaucoup de femmes battues en France, en Irlande, aux États-Unis...

Tout de même, si on ne peut pas changer une ligne du Coran, comment le Droit musulman peut-il changer et s'adapter à son temps ?

Ghazalî, qui est un peu le saint Thomas d'Aquin de l'Islam, fait cette distinction :

Il y a dans le Coran trois sortes de versets :
— ceux qui concernent la religion ontologiquement : Il n'y a qu'un seul Dieu qui est amour, miséricorde, etc... Ceux-là, il ne faut pas y toucher ;
— ceux qui établissent le rituel. En principe, on ne doit pas y toucher mais il peut y avoir des dérogations. Par exemple, le jeûne cesse d'être une obligation pour les femmes enceintes, les malades, les voyageurs...
— ceux qui concernent les relations personnelles, qu'il s'agisse de statut personnel, d'affaires commerciales, etc.

Ghazali, qui est mort en 1111, dit à ce sujet : « Il est évident que cela doit changer avec les époques. » C'est là surtout que se situe le travail des penseurs et des juristes dont la raison d'être est, pour reprendre le titre du livre d'Iqbal, de « reconstruire la pensée religieuse de l'Islam ».

Donnez-nous un exemple de ce qui peut être revu.

L'usure est interdite dans l'Islam. Il est bien évident qu'au Moyen Âge, l'usurier était un maître avare et méchant qui prêtait de l'argent à ses fermiers au temps des mauvaises récoltes et qui, par la suite, leur faisait rendre gorge jusqu'à ce qu'ils n'en puissent plus.

Mais de nos jours, peut-on dire qu'il s'agit d'usure lorsqu'on fonde, par exemple, une compagnie d'aviation avec des actions, des obligations, des intérêts? Sûrement pas. L'argent peut et doit être rétribué. Ce n'est pas de l'usure parce qu'il y a une contrepartie de risques qu'il n'y avait pas autrefois.

Tous les jurisconsultes musulmans que j'ai pu rencontrer sont au moins d'accord sur ce point : le Droit islamique doit tenir compte de l'évolution des temps.

Et la polygamie? Nous avons rencontré l'an dernier des femmes marocaines qui nous ont expliqué ceci : le Prophète, vivant en un temps où elle était une institution respectée, n'a pu abolir la polygamie. Pas plus que Jésus, en son temps, n'a pu donner aux femmes la place que, manifestement, il leur donnerait aujourd'hui. Le Prophète a donc tout fait pour réglementer cette coutume. Par la suite, ce sont les hommes musulmans qui sont allés à l'encontre de la pensée profonde du Prophète.

Islam, l'autre visage

Je suis d'accord avec cela. Je savais d'ailleurs que vous alliez me poser cette question. Là encore, il faut revenir au texte et à l'époque à laquelle il a été écrit.

Ce que ne savent pas les gens qui parlent à tort et à travers de la polygamie, c'est qu'elle est extrêmement restreinte. Avant la venue du Prophète, les femmes de l'Arabie n'étaient que des objets et la polygamie était pratiquement sans limites. Le Prophète ne pouvait pas l'abolir du jour au lendemain et sans doute n'en a-t-il pas eu l'idée, mais il l'a considérablement limitée.

Il faut vous dire qu'au début de l'Islam, il y avait des quantités d'hommes qui étaient tués à la guerre. La Mecque était un port où fleurissait la prostitution et où les orphelines et les veuves n'avaient aucun moyen de gagner leur vie. Elles devaient mourir de faim ou se prostituer. Mieux valait encore pour elles être la deuxième femme d'un monsieur. C'est ce que laisse entendre ce verset si souvent cité :

« Si vous craignez de ne pas être équitables en matière d'orphelins, alors épousez ce qui vous plaira d'entre les femmes, par deux, trois ou quatre. Mais si vous craignez de n'être pas justes, alors seulement une. »

Qu'est-ce que cela veut dire exactement ? Cela veut dire que la polygamie était une mesure exceptionnelle pour des cas exceptionnels mais que la règle était la monogamie, car il y a aussi ce verset :

« N'en épousez qu'une, cela vaut mieux pour vous. »

Bien entendu par la suite, les hommes, machistes comme ils sont, n'ont pas tenu compte de l'esprit même du Coran.

D'ailleurs, remarquez-le bien, tous les pays islamiques n'ont pas la même attitude vis-à-vis de la polygamie. En Turquie, pays laïcisé, elle est strictement bannie. Les femmes turques ont voté ou piloté des avions avant les Françaises. Elles sont libres comme l'air. Je ne dis pas que c'est vrai dans le fond des campagnes mais alors, cela relève du domaine de la sociologie.

La Tunisie, n'admet pas non plus la polygamie.

Le Pakistan a une attitude intermédiaire qui me paraît assez conforme au Droit musulman : l'homme qui veut épouser une deuxième femme doit s'adresser aux tribunaux et donner ses raisons. S'il dit : « Je suis marié depuis 25 ans mais je suis tombé amoureux de ma secrétaire et je veux l'épouser », on ne lui donnera jamais la permission. Mais il obtiendra cette permission s'il a une femme grabataire ou enfermée dans un asile.

En règle générale, et pour tout résumer, on peut dire que la polygamie n'est jamais une bonne chose et qu'on ne doit y avoir recours que dans des cas bien particuliers.

Si vous aviez eu un mari musulman, auriez-vous accepté qu'il amène une seconde femme à la maison ?

Ah non ! Je lui aurais arraché les yeux ! En tout cas, j'aurais divorcé. Vous savez, le Prophète était beaucoup plus libéral qu'on ne le croit. On raconte qu'un jour, une jeune femme est venue le trouver et que ce dialogue s'est engagé entre eux :

— Je voudrais divorcer.
— Ton mari n'est pas gentil avec toi ?
— Si, il est très gentil.
— Il te donne tout ce dont tu as besoin ?
— Oui, il me gâte beaucoup.
— Alors qu'est-ce qui ne va pas ?
— Je ne l'aime pas. Ce sont mes parents qui m'ont mariée et je n'étais pas du tout d'accord.
— S'il en est ainsi, tu es libre.

Islam, l'autre visage

Cela est devenu impensable par la suite, mais cette petite histoire tend à prouver que ce sont les hommes qui, par la suite, ont durci l'enseignement à leur profit.

Parlez-nous de la guerre sainte, cette fameuse « Djihad » qui fait tellement peur aux Occidentaux.

C'est un contre sens. Djihad veut dire lutte, et ce qui est orthodoxe dans l'Islam, c'est de considérer que cette lutte doit être menée contre nos péchés et contre nous-même. Il s'agit donc d'une lutte intérieure.

Revenant d'une expédition, le Prophète dit un jour à ses compagnons :

« Nous revenons de la petite guerre. Maintenant, nous allons devoir nous livrer à la grande guerre contre le péché. » C'est cela la Djihad.

Ce sont les politiques qui en ont fait la guerre sainte dont vous parlez. Les religions, malheureusement, ne sont pas menées par des saints. Ce sont souvent les politiciens qui mènent le jeu et qui se servent de la religion. Quand ils veulent conquérir des terres ou accroître leur pouvoir, ils disent que c'est une guerre sainte. Mais l'idée de croisade n'appartient pas aux seuls musulmans.

Mettez-vous à la place du Français moyen qui voit ce qui s'est passé à Téhéran. Aujourd'hui, beaucoup de gens ont l'impression qu'il y a un péril musulman.

Il ne faut tout de même pas oublier qu'il y a eu un colonialisme occidental et que c'est un retour de bâton. Ce ne sont pas les Algériens qui sont venus en France, mais les Français qui ont envahi le Maghreb, puis l'Indochine. Ce sont tout de même les Européens qui ont massacré les

Aztèques, les Mayas, les Incas et détruit ces civilisations qui étaient de grandes civilisations. Et qu'avons-nous fait de l'Afrique ? Tout cela est relativement récent. L'abolition du servage en Russie ne date que du siècle dernier. Je trouve qu'en Occident, nous nous donnons facilement bonne conscience.

Je n'aime pas les intégristes et je déteste ce qui a été fait en Iran, mais il faut bien voir que c'est tout de même un retour de bâton. Je suis allée en Iran au temps du Shah : ce n'était pas très sympathique.

Après lui, cela ne s'est pas amélioré.

Non et c'est ce qu'on appelle tomber de Charybde en Scylla. Même parmi ceux qui détestaient le Shah, beaucoup sont aujourd'hui bien malheureux qu'il ne soit plus là. Pourtant, la Sawak était abominable. En ce temps-là, je trouvais l'Iran tout à fait déplaisant. Il y avait une sorte d'occidentalisation à outrance qui a fini par engendrer un mouvement de rejet. Je me souviens avoir demandé un jour une salade au restaurant. On me l'a servie avec des lardons. J'ai dit que je ne mangeait pas de porc et on m'a répondu que c'était comme ça. Une autre fois, j'étais invitée au Grand Hôtel de Shiraz. Le menu était fait de hamburgers et de trucs de ce genre. Le tout enveloppé dans une musique pop extrêmement dure à supporter. À 4 heures du matin, des hommes d'affaires américains sont rentrés ivres en faisant claquer les portes. C'était une singerie, une caricature de l'Amérique. J'espérais tout de même, à Shiraz, avoir une bonne nourriture persane et un peu de jolie musique !

Bien sûr que Khomeiny et ses excès étaient abominables, mais ils incarnaient le rejet.

Au point d'imposer le tchador.

Parlons-en du tchador ! Ce n'est pas du tout islamique. Le Coran impose aux femmes d'être vêtues décemment, mais il ne leur a jamais dit de se mettre un voile sur le visage. Quand je suis allée au pèlerinage à la Mecque, j'ai vu des femmes yéménites arriver avec le voile sur le visage. On le leur a fait enlever. Les pauvres ! Elles m'ont donné l'impression d'être aussi malheureuses que je l'aurais été si on m'avait obligée à enlever mon corsage.

Il ne faut d'ailleurs pas confondre le voile sur la figure et le foulard.

Il y a à ce propos une histoire charmante qui montre bien qu'au temps du Prophète, les femmes n'étaient pas voilées. Vers la fin de sa vie il marchait avec un jeune compagnon lorsqu'une jeune fille l'a arrêté en lui disant : « O envoyé de Dieu ! Mon père est très âgé et il aurait tellement voulu faire le pèlerinage. Est-ce que je peux le faire à sa place ? » Le Prophète lui a donné la permission, puis il s'est tourné vers son compagnon, qui devait avoir 17 ou 18 ans, et il lui a demandé : « Est-ce que tu crois que c'est vraiment le moment de regarder le visage des jolies filles ? »

Vous savez, les journalistes racontent des tas de choses à propos de n'importe quoi. Prenez le cas de la lapidation. Un jour, Henri Fesquet m'a demandé d'écrire pour « Le Monde » un article sur les lapidations de femmes adultères en Iran. J'ai consulté toutes les autorités compétentes et toutes ont été d'accord pour affirmer que la lapidation n'était absolument pas islamique.

Il est déjà difficile, pour ne pas dire impossible, de prouver que l'adultère a eu lieu. Je m'excuse de choquer vos chastes oreilles mais le cheikh d'Al Ahzar qui est un homme très comme il faut, très collet monté, m'a rappelé un jour que, pour constater un adultère, il fallait quatre témoins, à condition qu'ils ne soient ni des parents ni des amis du mari.

Prenez un cas typique : un mari part en voyage en disant à sa femme qu'il ne rentrera que dans quelques jours. Il rentre le soir même et il trouve sa femme dans les bras d'un monsieur. Que peut-il faire ? Il peut flanquer une raclée à l'amant, mais c'est à peu près tout. S'il veut divorcer en prétextant l'adultère, il devra fournir quatre témoins, et des témoins qui ont vraiment vu l'acte. « Il faut qu'on ne puisse pas passer un fil entre les deux corps », m'a précisé le cheikh d'Al Ahzar. Vous voyez que ce n'est pas facile.

Admettons tout de même que cela soit, la punition n'a jamais été la lapidation. Il y a ce verset du Coran : « Même s'ils ont commis un adultère, s'ils se repentent, pardonnez-leur. » Si vous lapidez une femme adultère, vous vous privez de la possibilité de lui pardonner et vous n'êtes plus dans le droit fil du Coran. J'ai terminé mon article pour « Le Monde » en racontant cette histoire : le Prophète a reçu un jour à Médine une femme qui était bourrelée de remords et qui lui a dit : « O Prophète, j'ai commis un adultère. » Elle l'a répété trois fois et il a fini par lui dire : « Va-t'en maintenant. » J'avais mis ce texte en parallèle avec celui où Jésus dit, à propos de la femme adultère : « Que celui qui n'a jamais péché lui jette la première pierre. »

Je ne dis pas qu'il n'y a pas de lapidations en Iran mais, s'il y en a, j'affirme que c'est abominable et que ça n'a rien de coranique.

Mais il me semble que nous parlons trop de sociologie car, je le répète, toutes ces questions, de voile, d'héritage, de polygamie, de lapidations... sont des problèmes sociologiques qui n'ont rien à voir avec l'Islam dans sa profondeur, cet Islam des mystiques et des saints auxquels j'ai consacré ma vie.

Parmi ces mystiques et ces saints, il y a eu beaucoup de femmes qui ont eu souvent de nombreux disciples, la fille de Sultan Valad par exemple et une autre femme de Konya, 'Arifa Hosklika. Et puis il y a eu la plus célèbre de toutes, Rabî'a.

Celle-ci m'enchante tout particulièrement parce qu'elle

Islam, l'autre visage

était pleine d'amour et d'humour. 'Attar a beaucoup parlé d'elle dans *Le Mémorial des saints*. C'était aussi une femme de bon sens comme en témoigne la réponse qu'elle fit à un homme venu s'accuser auprès d'elle d'avoir commis de nombreux péchés. « Si je me repens, lui demanda-t-il, Dieu se tournera-t-il vers moi ? » « Non, lui répondit-elle, mais s'Il se tourne vers toi, tu te repentiras. »

Elle vivait au IXe siècle et elle est la première grande soufie de l'Islam. Elle était une ancienne chanteuse, non pas une courtisane, comme on l'a dit trop souvent, mais plutôt un peu comme une geisha. Elle a été esclave, mais son maître l'a libérée après l'avoir entendu prier. Elle a écrit de très beaux poèmes dont quelques-uns ont été traduits par Massignon.

Elle me fait souvent penser à Thérèse d'Avila. Souvenez-vous de cette histoire : un jour, Thérèse voyageait pour aller voir un de ses monastères dans l'une des horribles carrioles de son temps. Elle passe un gué, tombe à l'eau, est trempée jusqu'aux os et dit au Seigneur : « Si c'est ainsi que vous traitez vos amis, je comprends que vous en ayez si peu. » Rabî'a a exprimé un jour le même sentiment. Elle était dans sa petite cellule et avait décidé de jeûner tout le jour. Sur une étagère, elle avait disposé un bol d'eau, une chandelle, un verre d'huile et un morceau de pain. Le morceau de pain imbibé d'huile devait être son repas du soir, l'eau devait étancher sa soif et la chandelle lui permettre de lire le Coran avant de s'endormir. À la fin du jour, alors qu'elle attendait avec une certaine impatience le moment de boire et de manger, le chat a sauté sur l'étagère et renversé l'eau qui a éteint la chandelle et noyé le pain. N'ayant plus rien, elle s'est, comme Thérèse, laissée aller à murmurer contre son Seigneur. Alors elle a entendu une voix lui demander : « Que préfères-tu, mon amour ou ton repas ? » Bien sûr, vous vous en doutez, elle a aussitôt répondu : « Votre amour, Seigneur ! »

J'aime la familiarité de ces deux femmes avec le divin.

Rabî'a était très connue de son temps. Des hommes célèbres, de grands soufis n'avaient pas honte de venir la consulter. Joinville parlera d'elle, quelques siècles plus tard, disant qu'elle courait les rues en portant d'une main un seau d'eau et de l'autre un flambeau allumé. Le seau d'eau, dit-il, était pour éteindre les flammes de l'enfer et le flambeau pour mettre le feu au Paradis.

Elle voulait tellement que sa prière soit désintéressée qu'elle répétait sans cesse : « O mon Dieu ! si je T'adore par crainte de l'enfer, brûle-moi dans l'enfer ; si je T'adore dans l'espoir du Paradis, exclus-moi du Paradis ; mais si je T'adore pour Toi seul, ne me cache pas Ta beauté impérissable. » Elle a vraiment été le premier chantre du pur amour.

Nous voici revenus à l'Essentiel.

Oui. Comme tous les mystiques, Rabî'a a voulu aller jusqu'au renoncement total, au vide, à cette passivité de l'esprit que Rûmî a un jour illustrée par cette parabole comparant la démarche vers Dieu des étudiants en théologie et des mystiques soufis :

« Un jour, raconte-t-il, un roi appela à son palais des peintres venus les uns de la Chine et les autres de Byzance. Bien entendu, Chinois et Grecs prétendaient être les meilleurs. Le roi les chargea de décorer de fresques deux murs qui se faisaient face. Un rideau fut tiré entre les deux groupes de concurrents qui peignaient chacun sur un mur sans se rendre compte de ce que faisaient leurs rivaux. Mais tandis que les Chinois employaient toutes sortes de peintures et déployaient de grands efforts, les Grecs se contentaient de polir leur mur et de le lisser sans relâche. Lorsque le rideau fut tiré, on put admirer les magnifiques fresques des peintres chinois se reflétant dans le mur opposé qui brillait comme un miroir. Tout ce que le roi avait vu et admiré sur le mur des Chinois semblait beaucoup plus beau sur le mur d'en face. »

Et Rûmî d'expliquer :

« Les Grecs sont les soufis : ils sont sans études, sans livres, sans érudition
Mais ils ont poli leurs cœurs et les ont purifiés du désir, de la cupidité, de l'avarice et de la haine. »

Il s'agit toujours, au fond, de l'éternel dialogue entre le philosophe et le mystique, entre ceux qui parlent de Dieu et ceux qui le vivent. Un dialogue qui ne cessera jamais et qui sera toujours un dialogue de sourds. Le raisonnement logique est souvent comparé au bâton des aveugles. Seul un cœur ouvert peut saisir l'essentiel de l'Essentiel et comprendre dans sa profondeur ce merveilleux distique de Rûmî :

« Ce que Dieu dit à la rose et qui a fait s'épanouir sa beauté
Il l'a dit à mon cœur et l'a rendu cent fois plus beau. »

Le mystique est avant tout un voyant de l'invisible. Toute sa vie n'est vécue que pour cela.
On demanda un jour à Bâyazîd quel âge il avait et il répondit : « Quatre ans. » On lui dit : « Comment cela peut-il se faire ? » et il répondit : « Durant soixante-dix ans, ce monde m'a dissimulé Dieu, mais je L'ai vu durant les quatre dernières années : la période pendant laquelle on est voilé n'appartient pas à la vie. »

Il me semble qu'ici, nous rejoignons l'Évangile et le fameux entretien avec Nicodème : « En vérité, en vérité, je te le dis : à moins de naître d'en haut, nul ne peut voir le Royaume de Dieu. »

C'est cela, et c'est pourquoi cet homme parfait, qui est le but ultime de tous les chercheurs, est ainsi défini par les soufis : l'homme qui est né pour la seconde fois et qui se rend pleinement compte de son unité essentielle avec l'Être divin à l'image duquel il est fait.

C'est cela que Rûmî appelle la résurrection spirituelle : reconnaître cette ressemblance essentielle avec la Réalité ultime, une fois transcendée l'illusion de la dualité.

Excusez-moi de vous citer mais c'est bien vous qui avez écrit dans Mystique et poésie en Islam :

« L'homme parfait est donc la raison d'être du cosmos, parce qu'il est le chaînon intermédiaire entre le divin et les choses créées ; et puisque Dieu a voulu que « le trésor de Son amour et de Sa générosité soit dévoilé », Il se sert du saint comme du moyen par lequel Il Se révèle à Lui-même et Se révèle aux créatures. De là découle le double rôle de l'homme parfait. »

C'est tout à fait ça. Se connaître soi-même, a dit Rûmî, c'est découvrir Dieu en soi. Cela me rappelle la fameuse parabole du pauvre de Bagdad :

Il avait gaspillé tout son héritage et se trouvait dans le dénuement. Après qu'il eut adressé à Dieu d'ardentes prières, il rêva qu'il entendait une voix lui disant qu'il existait dans la ville du Caire un trésor caché à un certain endroit. Il partit donc et, arrivé au Caire sans argent, il résolut de mendier mais il eut honte de le faire avant la tombée de la nuit. Comme il errait dans les rues, il fut saisi par la patrouille qui le prit pour un voleur et le roua de coups avant qu'il n'ait pu s'expliquer. Il y parvint enfin et raconta son rêve avec un tel accent de sincérité qu'il

Islam, l'autre visage

convainquit le lieutenant de police. Celui-ci s'écria : « Je vois que tu n'es pas un voleur, que tu es un brave homme, mais comment as-tu pu être assez stupide pour faire un aussi long voyage en te basant sur un songe ? Moi, j'ai rêvé bien souvent d'un trésor caché à Bagdad, dans telle rue, dans la maison d'Untel et je ne me suis pas mis en route pour cela. » Or, la maison qu'il mentionnait était celle du voyageur. Ce dernier, rendant grâce à Dieu que la cause de sa fortune soit sa propre erreur, retourna à Bagdad où il trouva le trésor enfoui sous sa propre maison.

C'est une belle histoire et, comme toutes les histoires soufies, elle va beaucoup plus loin qu'il n'y paraît. Pourquoi aller chercher si loin, alors que Celui que nous cherchons de tout notre être se cache dans notre propre cœur ?

Plus nous vous entendons parler et plus nous sommes sous le charme. Vous avez tant appris et vous avez tant de choses à enseigner. Tout de même, est-ce que le fait d'être une femme ne vous empêche pas d'être reçue comme vous devriez l'être ?

Ce n'est pas gênant du tout. Plus les gens que vous rencontrez sont avancés sur la voie spirituelle et plus c'est facile.

Il m'est arrivé quelque chose d'assez rare. Un jour, alors que j'étais à l'université du Caire, je reçois un coup de téléphone d'un cheikh que je ne connaissais pas et qui me demande : « Est-ce que vous êtes libre vendredi prochain ? J'aurais besoin de vous à la mosquée d'Héliopolis. » Héliopolis, c'est la banlieue chic du Caire, un peu comme Neuilly. Il y a une grande mosquée où je devais me trouver après la prière du vendredi.

J'arrive ponctuellement devant la porte et je demande au gardien où se trouve l'entrée des femmes. « C'est par ici, me dit-il, mais vous, madame, on vous attend à l'entrée des hommes. » Je remets mes souliers, je retraverse et j'arrive devant une assemblée d'environ deux cents hommes qui étaient assis par terre. La prière venait juste de se terminer. Il y avait, assis devant une petite table, un vieux cheikh à barbe grise que je ne connaissais pas. « Ah! Docteur, me dit-il, venez vous asseoir à côté de moi. » Je lui ai demandé pour quoi faire et il m'a répondu que je le verrai bien. Je me suis assise, très empotée, ne comprenant pas ce qu'il voulait de moi. Il prit enfin la parole : « Voilà, me dit-il, je vous ai demandé de venir parce que je voudrais que tous ces hommes, dont certains sont hostiles à l'éducation des filles, sachent que, tout en étant une mère de famille, une Occidentale, une universitaire, on peut arriver à l'Islam par l'étude. Alors, voulez-vous nous raconter votre trajectoire ? »

J'ai dit que mon arabe n'était pas assez bon, mais il m'a demandé de parler anglais en m'affirmant qu'il traduirait. J'ai donc raconté mon itinéraire et quand je suis descendue de l'estrade, tous ces hommes ont voulu me serrer la main. C'était extraordinaire. Je suis sûre que certains de ces hommes ont vu fondre, le temps d'une causerie, des préjugés qu'ils nourrissaient depuis leur enfance.

Ces préjugés, d'ailleurs, ne sont pas toujours aussi établis qu'on pourrait le croire. Il y a quelques années, je visitais la médina d'Alger avec le conservateur des monuments historiques d'Algérie. Il voulait me montrer comment, pendant la guerre, on pouvait passer de terrasse en terrasse pour échapper aux parachutistes. Il avait d'ailleurs eu un fils qui était mort sous les tortures, mais il était sans amertume parce qu'il avait su pardonner.

À un moment donné, il m'a dit : « C'est l'heure de la prière mais, si nous devons aller jusqu'à la grande mosquée, elle sera finie lorsque nous y arriverons. Il y a là une toute petite salle de prière mais elle est réservée aux hommes. Je

Islam, l'autre visage

ne peux tout de même pas vous laisser dehors. » Devant la porte, il y avait en effet un homme qui appelait à la prière. Mon guide lui a exposé son problème et l'homme a répondu : « Mais qu'elle vienne ! » C'était une petite salle aux murs blanchis à la chaux. Je me suis mise discrètement tout à fait dans le fond mais on a tenu à me faire de la place. À la fin de la prière, comme on fait souvent, on se met en cercle. J'en ai profité pour dire à ces hommes que je les remerciais beaucoup d'avoir, pour moi, dérogé à leur coutume. Alors un vieil ouvrier m'a dit malicieusement : « Ah ! Madame, vous nous avez donné des distractions. Nous étions tellement contents ! Nous nous disions : comment, voilà une femme, une Française, qui vient prier avec nous comme ça. Nous étions tellement contents, nous ne pensions qu'à ça. »

IX

J'ai lu l'autre jour, en préparant nos entretiens, un poème de Rûmî qui m'a beaucoup frappé. Permettez-moi de le relire avant de poser ma question :

« Nous avons tous fait partie d'Adam, nous avons entendu des mélodies du Paradis.

Bien que l'eau et l'argile (de nos corps) aient fait tomber sur nous un doute, quelque chose de ces mélodies nous revient à la mémoire.

Mais mélangés qu'ils sont à cette terre d'affliction, comment ces sons aigus ou graves pourraient-ils nous procurer les mêmes délices ?

C'est pourquoi le " Sama " est l'aliment des amants de Dieu, car il contient l'image de la paix. »

Dans ce poème, Rûmî semble dire que nous avons connu l'état paradisiaque et que, venus sur cette terre, nous ne cessons d'en éprouver la nostalgie.

Pas seulement Rûmî, car c'est l'un des thèmes essentiels de la poésie et de la mystique musulmanes. Iqbal a très bien mis cela en valeur.

On dit que le soufi est le fils de l'instant et j'ajoute, en passant, que cela conditionne une certaine esthétique.

Par exemple ?

Prenez un poème sur l'automne. Si c'est un poème japonais, il y aura quatre lignes. On dira :

> « Il pleut
> Le ciel est gris
> Mon cœur est triste
> Les grenouilles coassent. »

Si c'est un poème romantique, cela donnera :

> « Les sanglots longs des violons de l'automne... »

Il y a un commencement et une fin, tandis que dans un poème de culture musulmane, il y aura une juxtaposition de distiques qui ont un sens complet chacun par lui-même, distiques qui sont juxtaposés et interchangeables sur un fil qu'on appelle le « Hal », un mot tout à fait intraduisible. En fait, le poème exprime l'état spirituel du moment. Donc un poème sur l'automne ne sera jamais très gai. La tonalité, comme une clé de sol, va être une certaine mélodie et les distiques, je le répète, vont être interchangeables. C'est comme un collier de perles dont le fil serait la tonalité générale et les perles les différents distiques.

Cette insistance sur l'instant présent conditionne aussi une certaine vision du monde. Ce qui est important, c'est la soudaineté, tout ce qui peut être contenu dans une intemporalité. C'est pour cela qu'on a dit que toute la notion quantique de la physique était déjà en germe chez les Arabes parce qu'ils avaient cette notion du temps qui, à la limite, peut même être réversible s'il plaît à Dieu. Cela a été très bien mis en valeur par des penseurs comme Iqbal qui, lui-même, a été très marqué par sa rencontre avec Bergson.

Nous touchons là de nouveau à la notion du rappel.

Tout à fait. D'ailleurs le Coran est un rappel en langue claire. Je pourrais multiplier les citations pour le prouver. De sourate en sourate, le mot « rappel » revient sans cesse. Le rappel de ce qui est éternel et qui peut être perçu instantanément par l'âme. Rappel qui se manifeste d'ailleurs ponctuellement puisque, d'après l'Islam, Dieu ne laisse jamais un peuple sans une révélation. Saint Paul ne dit pas autre chose : « En divers temps, en divers lieux, Dieu a parlé aux patriarches et aux prophètes. »

Les Hindous disent à peu près la même chose.

C'est normal puisque c'est fondamental. Je dis souvent que l'Islam est un peu comme le dénominateur commun des grandes religions. Le rituel, par exemple, va se greffer sur ce que vous appelez très justement le rappel. On revient toujours là-dessus dans tous les textes sacrés, quelle que soit leur origine. Dieu dit sans cesse au Prophète : « Lis et répète, rappelle, renouvelle, remets à la conscience ce qui a été si souvent dit et si souvent oublié. »

Le mot grec dans les Évangiles « Pleromaï » veut dire : donner la plénitude du sens. C'est un très beau mot. Au fond, vous le savez bien, ce rappel est sans cesse nécessaire puisque le grand risque des religions est toujours de devenir légalistes, ritualistes, figées. Il faut donc sans arrêt rappeler l'Essentiel aux populations et aux communautés religieuses, tout comme aux individus.

Mais alors on peut aussi imaginer que l'homme tel qu'il est a eu la connaissance de la plénitude avant sa naissance et qu'il y avait aussi un rappel dans ce sens-là.

Vous parlez comme un très bon musulman, cher ami. Je ris parce que c'est une excellente question et que je vous remercie d'autant plus de me l'avoir posée que j'aurais déjà dû y répondre.

Je vous ai déjà dit combien j'aimais Platon. Eh bien, je retrouve sans cesse dans le Coran des tas de choses qui appartiennent à Platon et notamment la notion de réminiscence. Le rappel intérieur en quelque sorte, la notion de témoignage qui est si fondamentale dans l'Islam puisqu'on ne devient musulman qu'en témoignant qu'il n'y a de Dieu que la Divinité.

Pourquoi l'homme est-il témoin ? Justement parce qu'il se souvient de la plénitude vécue avant sa naissance.

Il y a dans le Coran un verset très mystérieux et qui a naturellement fait l'objet de volumes et de volumes d'exégèse. Dieu interroge les hommes non encore créés, alors qu'ils sont dans les reins de l'Adam primordial. Il leur demande : « Ne suis-je pas votre Seigneur ? » Et ces êtres, qui sont encore dans la pensée de Dieu, répondent : « En vérité, Tu l'es. »

Ainsi, avant de naître, ou plutôt de s'incarner, ces âmes ont prêté serment d'allégeance à Dieu, leur Créateur en reconnaissant Sa suzeraineté sur eux. Voilà pourquoi les mystiques musulmans disent si souvent : « Si nous éprouvons une nostalgie pour le Divin, c'est que nous l'avons connu avant. Si nous aimons la musique, c'est qu'elle nous rappelle des choses déjà entendues. Si nous aimons la beauté, c'est que nous avons vu Dieu et qu'il est la Beauté... »

Donc, il y a cette notion de témoignage. Et le meilleur témoignage que l'homme puisse donner, c'est de se soumettre à Dieu. Notez bien que c'est une attitude supra-confessionnelle. Très souvent, des musulmans disent : « Ce bouddhiste est un très bon musulman parce qu'il est totalement soumis à Dieu. » J'insiste sur le fait que cette remise à Dieu n'est possible que parce qu'elle a déjà eu lieu

Islam, l'autre visage

au-delà du temps, dans ce qui est notre « moi » supérieur, le « Soi » comme diraient Rûmî et Iqbal. Rûmî dit toujours qu'entre le petit « moi » de la vie quotidienne et le grand « Soi », il y a une distance plus grande que la mer. C'est très hindou, cela, très védanta.

Une distance immense donc entre le petit « moi » et le grand « Soi » mais en même temps une possibilité de fusion dans une supra-conscience. Si vous voulez, dans la psychologie et la psychanalyse occidentales, on parle de l'inconscient, du subconscient et du conscient. C'est comme une maison avec un rez-de-chaussée et une cave. Dans la cave grouillent les rats et les araignées. S'ils ne sont pas trop embêtants, tout va bien mais s'ils grimpent au rez-de-chaussée, on fait des névroses ou des psychoses.

Sans remettre en question les acquis de la psychanalyse, dans la culture musulmane, on fait appel à une supra-conscience qu'on appelle le « Sirr », c'est-à-dire le secret de l'homme. Le secret, cette étincelle divine qui est en lui, l'homme l'oublie souvent mais, parfois, il s'en souvient.

Il y a une ravissante histoire de Sohrawardi, un très grand mystique de l'Islam, qui illustre très bien ce que nous venons de dire, c'est l'histoire du paon. Un prince élevait des paons dans un très beau jardin. Ils y vivaient heureux, bien nourris et ils n'avaient d'autre occupation que de déployer leurs ailes et leurs queues. Un jour, on ne sait pas très bien pourquoi, le prince prend un paon et le fait coudre dans un sac de peau en laissant tout juste une ouverture pour qu'il puisse manger et respirer. La paon est d'abord très malheureux puis, au bout d'un certain temps, il commence à se sentir bien au chaud dans son sac. Encore un peu de temps et tout va tout à fait bien : il est habitué à sa nouvelle condition.

De temps en temps pourtant, la brise lui apporte le parfum des fleurs. Il entend au loin le cri de ses congénères dans le jardin merveilleux et il se sent saisi d'une étrange nostalgie qu'il ne sait pas définir. Il commence à souffrir comme souffre l'homme qui conserve un souvenir du Paradis perdu. Heureusement, le prince décide bientôt que l'épreuve a assez duré. Il déchire le sac de peau et le paon peut reprendre ses ébats dans le jardin.

C'est une belle histoire qui nous concerne tous et, je vous l'ai déjà dit, elle illustre parfaitement le grand thème de la mystique musulmane qui est celui du retour. Nous sommes tous comme le paon. Nous entendons parfois une belle musique et notre cœur s'agite. Ce n'est pas vraiment un souvenir. C'est l'anamnèse de Platon, la réminiscence.

Dans l'Islam, les âmes sont préexistantes aux corps, donc elles se souviennent. Il y a toute cette notion du léthé, de l'oubli. Le Coran, je vous l'ai dit, met très souvent l'accent sur le fait que l'homme est oublieux, non seulement de Dieu, mais de ce qu'il est lui-même en réalité. Tout tend à une prise de conscience qui, par définition, doit être spontanée. On retrouve donc cette notion d'intemporalité, de moment privilégié.

C'est donc pour se souvenir qu'on pratique le dhikr ?

C'est cela. Dans le Coran, Dieu dit : « Souvenez-vous de moi, je me souviendrai de vous. » Le dhikr est donc une mémoration. On se souvient en éteignant le mental par la répétition. C'est d'ailleurs ce que font les Hindous avec les mantras, les catholiques avec le chapelet ou les orthodoxes avec la prière du pèlerin russe.

S'il n'y avait pas cette nostalgie au fond de nous, ce rappel, sans cesse et sans cesse, pourquoi irions-nous chercher plus loin ? Nous vivrions dans le concret et cela nous suffirait.

Il y en a qui le font.

Islam, l'autre visage

Sans doute, mais je suis persuadé que tous les êtres humains ont en eux cette nostalgie. Simplement, certains la projettent sur autre chose.

Bien sûr.

Le cheikh Ben Tounès nous disait qu'être soufi, c'était se souvenir constamment de Dieu.

Tout à fait, et je n'insisterai jamais assez sur l'importance de cette notion de rappel. D'une certaine manière, dans l'Islam, le péché contre l'Esprit, c'est l'insouciance.

Par exemple quand on se trompe dans la prière ou qu'on se laisse aller à penser à ses impôts ou à la lettre à laquelle on n'a pas répondu, on doit faire une prière supplémentaire qui s'appelle la prière de l'oubli. C'est en fait une demande de pardon pour notre insouciance.

Cette notion d'insouciance, d'oubli est essentielle. Quand vous lisez la Thorah, l'Évangile ou le Coran, il y a toujours quelqu'un qui vous tire par la manche et qui vous dit : « Réveille-toi ! Tu dors ! Tu traînes ! » C'est si simple : Être croyant pour un musulman, c'est croire à Dieu, à Ses anges, à Ses envoyés, à Sa révélation et à la vie éternelle. C'est tout. Tout le reste, c'est du rituel.

Dans ces conditions, je me sens musulman.

J'espère que, dans ce sens-là, nous sommes tous des musulmans. Dieu envoie Sa Parole.

Chez les chrétiens, on parle du Verbe.

Cela me rappelle quelque chose d'assez amusant : un théologien catholique m'a raconté que lorsqu'on a voulu traduire l'Évangile de Jean en chinois, on n'a pas trouvé de mot pour « Verbe ». Il n'y avait que le mot « conjugaison » qui, bien entendu, ne convenait pas. La question est restée très longtemps en suspens et, finalement, la commission romaine des rites a permis de traduire par « la Voie ».

Peut-on dire, en dernière analyse, que, dans toutes les traditions, le but de la vie spirituelle est l'éveil ?

Rûmî disait déjà au XIIIe siècle : « Je ne suis venu sur la terre que pour réveiller les âmes endormies. » Telle est la tâche du Maître : provoquer cette espèce de déclic qui fait que le paon se souvient d'avoir vécu dans un jardin princier.

On pourrait dire, pour simplifier, que les capacités spirituelles des hommes diffèrent selon la mesure dont ils se souviennent. À ce propos, Rûmî raconte cette parabole :

« On a amené des esclaves Noirs des pays des impies au pays des musulmans. On les vend, les uns à l'âge de cinq ans, d'autres à dix ans, d'autres à quinze. Celui qui a été amené en bas âge, qui a passé de nombreuses années chez les musulmans et qui y a vieilli, oublie entièrement le pays où il est né ; aucune trace n'en reste en lui. Mais s'il était un petit peu plus âgé, il lui en reste un petit peu plus de souvenir et davantage s'il était sensiblement plus âgé encore. De même, les âmes ont été dans la présence de Dieu... Leur nourriture et leur substance étaient la parole de Dieu, sans lettres et sans sons. Depuis, on les a amenés dans ce monde-ci comme enfants. Lorsqu'ils entendent cette parole, ils ne se souviennent pas. Elle leur est étrangère. C'est la description de ceux qui sont voilés et qui sont engloutis dans l'égarement ; il y a ceux qui se souviennent un tout petit peu et en eux surgit l'ardeur pour l'autre côté : ceux-là sont les croyants. Et il existe aussi des hommes chez qui, lorsqu'ils entendent cette parole divine, leur état antérieur réapparaît : les voiles tombent et ils se trouvent dans l'union. »

Le soufi est donc celui qui se trouve dans l'union ?

Oui, à moins que vous ne préfériez cette définition fulgurante d'Al Halladj : « Qu'est-ce que le soufisme ? Que ton annihilation soit telle que tu n'aies plus rien à nier, ni à affirmer. »

Une définition que saint Jean de la Croix n'aurait pas reniée. Ce qui prouve bien, s'il en était encore besoin, qu'au sommet, ils se rejoignent tous.

Mais bien entendu ! C'est bien pourquoi, en entrant dans l'Islam, je n'ai pas eu le sentiment de renier quoi que ce soit. Je vous avoue que je n'ai aucun problème pour réciter le Pater qui est une prière vraiment universelle.

Au fond, nous l'avons déjà dit, la pierre d'achoppement, pour l'entente entre les religions, c'est l'affirmation que Jésus-Christ est le fils unique *de Dieu.*

C'est vrai. Si vous êtes chrétien, vous ne pouvez pas être musulman dans l'institution, mais rien ne vous empêche de l'être au sens large en vous remettant à Dieu.

On peut discuter sans cesse sur la Trinité, sur Marie mère de Dieu, etc...

Oui, mais à quoi bon ?

Nous pouvons en tout cas cesser de discuter, nous regarder, nous aimer et voir ce que nous avons en commun et qui est énorme.

C'est vrai. Si l'on veut entrer dans le détail des problèmes, on risque de perdre son temps.

Prenez par exemple l'idée du rachat. Elle est impossible pour l'Islam. Vous vous souvenez sans doute de ce cantique de Noël où l'on chantait : « ... et de son Père apaiser le courroux... » J'ai rappelé cela l'autre jour à un Jésuite et il m'a dit que ça le faisait bien rire.

Que Jésus ait été un martyr par amour, les musulmans ne l'ont jamais nié. Évidemment, il y a un verset du Coran qui a été extrêmement discuté et qui dit : « Ils ne l'ont pas tué, ils ne l'ont pas crucifié, cela leur est seulement apparu ainsi. » Il y a sur ce verset une explication qui n'est pas admise par les mystiques en général, vous savez, l'idée selon laquelle c'est un fantôme qui aurait été crucifié à la place de Jésus. Cela ne semble pas très convaincant.

Il doit bien y avoir tout de même une doctrine officielle.

Pas vraiment. Les musulmans sont divisés sur ce point. Les uns disent qu'il n'est pas mort sur la croix, qu'il a été décroché alors qu'il n'était pas encore mort. Ils avancent comme argument qu'il n'a pas reçu le coup de grâce comme les deux larrons auxquels on a brisé les jambes. Et aussi que quand on lui a enfoncé une lance dans le côté, il en est sorti du sang, ce qui tendrait à prouver qu'il n'était pas mort. D'autres, et bien évidemment, je penche plutôt vers ceux-là, affirment que l'homme a bien été crucifié mais que l'essentiel est que son message reste vivant. Je reconnais que c'est un peu tiré par les cheveux, mais l'essentiel n'est-il pas qu'il ait été un martyr de l'amour ?

Et aussi un martyr de la Vérité. Il a refusé d'édulcorer le message pour faire plaisir aux uns et aux autres et c'est pour cela qu'ils l'ont tué.

Islam, l'autre visage

Bien sûr. Vous savez, Jésus et Marie sont des personnages très importants pour les musulmans. C'est beaucoup plus profond qu'on ne le croit. En Iran, quand une petite fille fait des bêtises, on lui dit : « Tu vas faire de la peine à la Sainte Vierge.

Vous aviez raison de dire que nous avons tant en commun.

Bien sûr, et je n'oublie jamais ce que m'a dit le Père Abbé dont je vous ai parlé : « Le bonheur, c'est que nous disons tous la même chose. » C'est tellement vrai. Lisez les mystiques et vous verrez qu'en profondeur, au-delà des institutions auxquelles ils appartiennent, ils vivent tous la même expérience.

X

Je constate que vous avez très peu parlé de vos Maîtres. Je crois savoir que vous avez un cheikh au Maroc.

C'est vrai, mais il ne veut pas qu'on parle de lui. C'est un grand esprit et il a beaucoup de disciples. Il m'a beaucoup donné, mais je ne peux rien dire de plus.

Au moins pouvez-vous nous parler de Louis Massignon qui a joué un grand rôle dans votre recherche.

C'est un homme qui m'a énormément apporté. Sur tous les plans. Un grand savant qui m'a fait l'honneur de préfacer ma première traduction d'Iqbal. Il m'a aidée à découvrir beaucoup de choses que j'ignorais complètement.

Quand l'avez-vous rencontré ?

Très peu de temps après la guerre. En revenant de la résistance, je vous l'ai dit, je suis entrée au C.N.R.S. J'ai été très malade pendant quatre ans, une anémie très grave, tenace. Sans doute parce que j'avais crevé de faim pendant toute la guerre. C'est à ce moment-là que j'ai trouvé Massignon.
C'était un homme extraordinaire. Je sais que dans le monde musulman, on a toujours été extrêmement étonné

que, connaissant si bien l'Islam, il ne se soit pas converti. En réalité, c'était un mystique qui était au-delà des dogmatismes et des théologies. Et puis il avait un esprit très curieux. Il était Breton et il vivait un peu dans un monde d'intersignes.

Mon mari est mort d'un infarctus en quelques secondes à côté de moi. Il s'est penché, j'ai cru qu'il jouait avec les enfants et il est tombé. Dans ma détresse, c'est à Massignon que j'ai d'abord téléphoné. Un peu plus tard, chez lui, alors que nous parlions de mon mari, je lui ai demandé : « C'est bien joli de croire à la vie éternelle mais enfin, est-ce que nous retrouverons au moins un sourire ? » Il m'a répondu : « Ma petite fille (c'est ainsi qu'il m'appelait car il avait exactement l'âge de mon père) quand ma mère est morte, je me suis posé exactement la même question. Je me promenais un jour dans Bagdad en pensant à elle lorsqu'un petit garçon est venu me proposer une colombe. Ces colombes, on les appelle là-bas « Haqqi » parce que « Haqq » veut dire la Réalité, c'est-à-dire Dieu et que les colombes font « Haqq, Haqq, Haqq ». Eh bien lorsque ce petit garçon m'a offert sa colombe, j'ai pensé que c'était la réponse de ma mère. »

Je dois avouer que je ne suis pas sensible à de tels signes mais pour un esprit comme celui de Massignon, c'était un intersigne. C'est d'ailleurs un fait de ce genre qui a été à l'origine de sa conversion. Il l'a raconté dans *Parole donnée*. Agnostique, il avait fait de l'arabe avec Maspéro, ce qui, tout naturellement, lorsqu'il lui a fallu faire son service militaire, l'a amené en Irak où il a été chargé de faire des relevés topographiques pour le service géographique de l'armée.

C'était aux environs de 1914. On l'a pris pour un espion et on l'a condamné à mort. Il raconte, et c'est très beau, comment il était enfermé dans une espèce de cave en attendant qu'on vienne le chercher pour le fusiller. Par le

Islam, l'autre visage

soupirail, il apercevait le reflet d'un fleuve, je ne sais plus s'il s'agissait du Tigre ou de l'Euphrate. Lui qui, disait-il, ne croyait pas à grand-chose, il a pensé à sa mère qui était morte depuis peu et il a crié à Al Halladj dont il avait déjà écrit la biographie : « Al Halladj, sauve-moi ! » « À ce moment-là, raconte-t-il, je me suis senti tout petit et tremblant dans la main de Dieu comme un fennec des sables. » Il en était là lorsqu'on a frappé à sa porte pour lui annoncer qu'il était libre : les gens chez qui il logeait avaient témoigné en sa faveur et, en cette époque troublée, ils l'avaient fait au péril de leur vie.

Toute sa vie à lui s'en était trouvée du jour au lendemain bouleversée. Il est resté hanté par cette idée de l'hôte qui se trouvait symbolisée par ces gens qui l'avaient sauvé au péril de leurs propres vies.

Évidemment, quand il est revenu en France, il s'est précipité chez tous les prêtres de sa connaissance. Il voulait être moine mais on lui a plutôt conseillé de se marier. Il disait souvent : « Moi qui voulais être moine ! », ce qui, soit dit en passant, n'était pas très gentil pour madame Massignon. Elle ne s'en formalisait pas. « Vous savez, ma petite amie, m'a-t-elle dit un jour, mon mari est un saint. » Elle a poussé un gros soupir et elle a ajouté : « Il n'est pas toujours drôle d'être mariée à un saint. » Il faut dire que cet homme exceptionnel était d'une générosité un peu folle : il donnait tout ce qu'il y avait à la maison.

Il est donc revenu à son catholicisme d'origine tout en connaissant très bien la mystique musulmane et toute sa vie, il l'a vécue comme une dette à payer à l'idée de l'hôte. L'idée que le Christ était l'hôte du tabernacle a été très importante pour lui. C'était un homme qui s'engageait : il s'est couché devant le premier char qui partait pour la guerre d'Algérie. Un homme aussi qui ne comptait pas. Madame Massignon m'a raconté que, pendant la guerre, en bonne mère de famille, elle faisait de l'auto-stop pour aller chercher des provisions en Bretagne afin de nourrir ses cinq enfants et son mari mais celui-ci, en son absence, donnait toutes les provisions de la maison à ceux qui passaient.

J'allais souvent chez eux et, un jour que j'étais assise dans la bibliothèque qui donnait sur le salon par une porte vitrée, j'entendis non pas des éclats de voix, parce qu'ils étaient des gens courtois, mais comme un murmure de dispute. Enfin Massignon a ouvert la porte et s'est écrié en levant les bras au ciel : « Ah ma fille ! Les femmes, les femmes ! Je me fais traiter de tous les noms d'oiseaux par ma chère épouse parce qu'en son absence, j'ai donné mon meilleur costume à un prisonnier qui passait et qui en avait le plus grand besoin. Ma femme me dit que je n'aurais pas dû lui donner le meilleur. » Il paraissait stupéfait de tant d'aveuglement. « Mais enfin, ma petite fille, a-t-il ajouté, je ne pouvais tout de même pas lui donner autre chose. » Je lui ai demandé pourquoi cet homme était allé en prison. Il savait que c'était pour des raisons politiques, mais il n'a pas été capable de me dire s'il appartenait au F.L.N. ou à l'O.A.S. Il est vrai que donner ses complets ne lui pesait guère parce qu'il était tout à fait indifférent à ce qu'il portait. Je l'ai toujours vu avec le même vieil imperméable.

C'est donc lui que je suis allé voir lorsque j'ai voulu entrer dans l'Islam. Lui aussi qui m'a envoyé voir son ami l'évêque de Strasbourg. Je lui ai raconté notre conversation et il en a été très ému. Il avait une intelligence très aiguë et, en même temps, il noyait ses réponses dans un flot d'autres choses au point de donner parfois une impression de fouillis.

J'avais 40 ans à l'époque. Il me disait toujours : « Venez quand vous voulez » mais je n'osais pas, sachant qu'il travaillait énormément. Alors je cherchais des prétextes, je lui disais que je n'avais pas compris telle ou telle chose et lui demandais de m'éclairer. Il me parlait alors pendant deux heures. Je me disais que c'était très intéressant mais qu'il ne

Islam, l'autre visage

répondait pas à ma question. Le lendemain, tout à coup, je m'apercevais qu'il m'avait répondu d'une façon extrêmement pertinente. Simplement, il avait fallu extraire la réponse de tout ce qu'il m'avait dit. Les gens qui vivent dans un univers d'intersignes sont souvent ainsi.

Il vivait un christianisme un peu étrange, doloriste. Peut-être parce qu'il avait découvert Dieu à travers la pauvreté des déshérités. Il était surtout attiré par le Christ souffrant. Il avait une vie extrêmement austère : il portait un cilice et il lui arrivait de se flageller.

Cela ne vous correspondait pas du tout.

Pas du tout mais cela, je ne l'ai appris qu'après sa mort en lisant une thèse qui lui a été consacrée. Tout chez lui était basé sur une participation, par le jeûne et la prière, aux malheurs des uns et des autres. C'est sans doute pour cela qu'il a éprouvé une telle attirance pour Al Halladj le crucifié.

Vous croyez qu'Al Halladj se mortifiait ?

Je n'en sais rien. Peut-être pour lutter contre certaines tendances, pour arriver à une certaine purification, à un certain détachement. Mais dans l'ensemble, l'Islam n'est pas doloriste. Je ne vois pas Rûmî se donnant la discipline. Les grands saints avaient certes une vie austère, mais ils ne recherchaient pas la souffrance. L'un d'entre eux adorait les dattes et s'en était privé toute sa vie. Un autre saint de ses amis lui dit un jour : « Tu aurais mieux fait de manger des dattes que de te dire toute ta vie : Ah mon Dieu ! il ne faut pas que je mange de dattes ! »

Le grand péché dans l'Islam, ce n'est pas d'aimer les choses de la vie. Non, le péché des péchés, pour reprendre une belle formule de Mounier, c'est « l'avarice de l'âme ».

XI

J'aimerais que vous nous parliez du pèlerinage de la Mecque.

J'y suis allée deux fois, pour le grand pèlerinage et pour ce qu'on appelle une simple visite.

Il doit être assez rare qu'une Occidentale fasse le pèlerinage.

Ce n'est pas si exceptionnel que vous semblez le croire, mais enfin, il est vrai que c'est assez rare.

La règle veut qu'un musulman fasse le pèlerinage au moins une fois dans sa vie ?

Oui, mais à condition que ce ne soit pas une gêne pour sa famille. Il ne faut pas se ruiner pour aller à la Mecque, ne pas risquer de priver sa femme et ses enfants du nécessaire.
La date du grand pèlerinage varie comme la date de Pâques varie chez les chrétiens. Quand c'est en été, c'est évidemment très dur parce qu'il fait une chaleur torride. Je l'ai fait en janvier et il faisait déjà terriblement chaud. Et puis il y a le petit pèlerinage qu'on appelle la visite et qu'on peut faire n'importe quand.

Les non-musulmans n'ont vraiment pas le droit d'y aller ?

C'est ainsi depuis le Prophète. Sans doute par peur d'un tourisme aveugle ou du vandalisme.

Une fois dans la vie, ce n'est pas beaucoup. Comment décide-t-on de partir et pourquoi à tel ou tel moment ?

Les Hindous disent : « Quand le disciple est prêt, le Maître arrive. » C'est un peu la même chose pour le pèlerinage : lorsque le moment est venu, on le sait. Il arrive toujours des choses qui vous facilitent le départ.

Je peux vous raconter l'histoire d'un de mes amis qui est avocat à Fès. Il avait décidé de partir en 71 parce que sa mère, déjà âgée, voulait à tout prix faire le pèlerinage avant de mourir. C'était malheureusement une année où l'on ne pouvait sortir que très peu d'argent du Maroc. Mon ami est parvenu à trouver des devises étrangères mais, au dernier moment, deux jours avant le départ, il lui manquait encore une certaine somme. Furieux, en quittant son cabinet, il est monté dans sa voiture et il est parti droit devant lui. Si droit qu'il s'est engagé dans un sens interdit. Il a été arrêté par un agent et, en sortant ses papiers de sa boîte à gants, il a fait tomber une enveloppe. Il l'a ouverte et il s'est aperçu qu'à un centime près, elle contenait la somme qui lui manquait. Un petit mot de sa secrétaire était joint à l'argent : « Je ne sais pas comment vous trouver et j'ai pensé que vous ouvririez forcément, à un moment ou à un autre, la boîte à gants de votre voiture. J'étais en train de fermer le cabinet lorsqu'un client est arrivé et m'a dit qu'il se souvenait vous devoir cette somme. »

Vous voyez, des choses comme cela arrivent toujours lorsqu'il faut partir pour le pèlerinage.

Pour vous, cela s'est passé comment ?

Je voulais faire le pèlerinage depuis longtemps, mais une amie très chère ne cessait de me répéter que je ne pouvais pas partir seule. Elle avait justement une cousine et un cousin qui se préparaient à partir mais qui n'en avaient pas encore la permission. Car en Égypte aussi, il y avait des problèmes de devises, si bien qu'il fallait demander l'autorisation à la mairie. Celle-ci n'était d'ailleurs accordée qu'à ceux qui partaient pour la première fois.

Moi qui n'avais pas besoin d'autorisation, j'empoisonnais l'existence de mes amis en leur téléphonant sans cesse et je me désolais de voir que les autorisations n'arrivaient toujours pas. Un soir, je me suis couchée de très mauvaise humeur en disant à Dieu : « Vraiment, si je dois faire ce pèlerinage, faites ce qu'il faut. » Je me suis endormie et j'ai vu en rêve un homme que je ne connaissais pas du tout. Il était vêtu à l'égyptienne d'un vêtement avec des raies noires et blanches. Il m'a fait un gentil sourire et m'a dit : « Sois la bienvenue. Tu vas partir pour Médine. »

Je lui ai répondu en ronchonnant : « Mais je ne peux pas aller à Médine. » Il m'a souri de nouveau et m'a dit : « Si, viens à Médine. » J'en étais à me demander ce que cela voulait dire lorsque le téléphone a sonné. C'était le cousin de mon amie. Il me dit : Ça y est ! Nous avons l'autorisation. Courez vite à l'ambassade de l'Arabie saoudite pour obtenir votre visa. »

Je saute dans un taxi, j'arrive à l'ambassade qui est en dehors du Caire et je vois à la porte un immense Nubien à qui je demande où se trouve le bureau pour le Hadj. Il me dit : « Mais tu ne peux pas faire le Hadj. » Je lui dis que si et il me demande si je suis turque. Je lui dis que non mais que je veux tout de même faire le Hadj, et il finit par m'indiquer le chemin.

J'arrive et le conseiller d'ambassade, un homme très courtois, me prend mes papiers et me dit : « Madame, je suis désolé : nous avons une nouvelle réglementation. Il y a tant de pauvres gens qui viennent chercher leur visa et qui, par la suite, ne peuvent partir parce qu'ils n'ont pas assez d'argent que maintenant, nous n'accordons le visa que sur le vu du billet d'avion. Allez vite à l'United Arab Airline, prenez votre billet et j'aurai alors le plaisir de vous donner votre visa. »

Je ressaute dans mon taxi, cours à l'United Arab Airline où on me dit : « Si vous n'avez pas votre visa, nous ne pouvons pas vous donner de billet. »

J'ai tourné dans ce cercle vicieux pendant trois jours au bout desquels, furieuse, je suis retournée à l'ambassade d'Arabie saoudite. Hélas ! la grille était fermée et il y avait une queue d'un kilomètre faite de gens qui en attendaient l'ouverture. Je suis allée droit à la grille et l'immense Nubien, m'ayant reconnue, me l'a entrouverte. Je me suis glissée comme un serpent et suis montée voir le fonctionnaire qui m'avait déjà reçue. Il m'a accueillie avec un grand sourire et m'a dit : « Ah ! Madame, voici votre passeport avec le visa. Félicitations. Priez pour moi au Hadj. » Sans doute avait-il oublié ce qu'il m'avait dit la dernière fois et je me suis bien gardée de le lui rappeler ! J'ai couru comme une voleuse, traversé toute l'ambassade et je suis retombée, pantelante, sur les coussins de mon taxi.

Me voici donc partie pour la Mecque.

C'était au moment du grand pèlerinage ?

Oui, en janvier 1971. J'avoue que, dès l'arrivée, j'étais stupéfaite de voir une telle foule. Je crois me souvenir que cette année-là, nous étions plus de deux millions. C'est d'autant plus impressionnant que tous ces gens sont vêtus de la même manière. Dès l'arrivée en effet, on se sacralise par les ablutions, puis on revêt un « hiram », c'est-à-dire un costume de sacralisation de couleur blanche. Cette uniformité imposée a pour but de gommer les différences. À la

Islam, l'autre visage

Mecque, officiellement, il n'y a plus ni riches, ni pauvres. Il n'y a que des musulmans tous égaux devant leur Dieu.

On a vraiment l'impression de se trouver dans un endroit sacré ?

Bien sûr. N'oubliez pas que c'est à la Mecque, selon la tradition, qu'a été élevé par Abraham le plus ancien temple au Dieu unique. Abraham serait venu là avec sa femme Hagar et son fils Ismaël.

Tous les lieux rappellent une histoire. On voit l'endroit où Hagar, mourant de soif, a enfin trouvé de l'eau. Plus tard, au temps des tribus pré-islamiques, ce lieu est devenu un centre d'idolâtrie païenne. Le Prophète Mohammed qui, vous le savez, était originaire de la Mecque, en a fait le centre de la foi nouvelle en la purifiant de toute idolâtrie et en la rendant au culte du Dieu unique.

Si vous voulez, la Mecque représente pour la sensibilité musulmane un peu ce qu'était l'Omphalos de Delphes pour les Grecs, le centre de la roue vers lequel tout converge. C'est comme un axe vertical qui attire des hommes venus de tous les points du monde.

Vous avez fait le tour de la Ka'ba ?

Naturellement, sept fois. C'est la fameuse circumambulation. Je vous assure que c'est quelque chose que de voir cette foule immense tourner lentement sur place. J'ai pensé à Rilke : « Tout autour de mon Dieu, je tourne à longueur de temps. »

Quel a été pour vous le point culminant du pèlerinage ?

Le dernier grand rassemblement à Arafat, là où on prie du lever au coucher du soleil. C'est une grande plaine avec des collines tout autour. Des collines couleur terre de Sienne mais qui sont tellement couvertes de personnages en blanc qu'on les croirait sous la neige. Quand les gens s'en vont, c'est comme si la neige se mettait à fondre.

À l'issue de cette dernière journée, on achète un mouton qu'on doit sacrifier et dont la viande servira à la nourriture des plus pauvres.

J'avoue que je n'avais pas du tout envie de voir égorger un mouton. Pendant la guerre, je suis restée à demi morte de faim devant un poulet qui picorait dans ma cuisine parce que je ne pouvais tout simplement pas le tuer. Alors vous pensez, un mouton...

J'ai donc accompli tous les rites précédant le sacrifice, refait symboliquement le trajet qu'avait fait Hagar à la recherche de l'eau. On fait cela trois fois. J'étais pieds nus, croyant que c'était obligatoire et, dans la foule, un immense Noir m'a marché sur un orteil, ce qui m'a fait un mal épouvantable. Je me suis presque évanouie. On a voulu me conduire à l'hôpital mais j'ai refusé. Alors on m'a fait un grand pansement, on m'a donné des antibiotiques et interdit de marcher.

Voilà pourquoi je ne suis pas allée voir égorger mon mouton. J'en ai été heureuse mais le seul désagrément, c'est que j'ai eu très mal au pied pendant longtemps. Vingt ans après, il m'arrive encore d'en souffrir.

Vous êtes allée à Médine ?

C'est la seconde partie du pèlerinage. J'ai beaucoup aimé Médine qui, je vous l'ai dit, me rappelle par beaucoup de côtés Konya et Assise.

Me voici donc dans la mosquée. Je voulais m'approcher du tombeau du Prophète, non pour le prier puisqu'on ne le prie pas mais tout de même pour le voir d'aussi près que possible. Il y avait là un gardien rébarbatif qui, à l'aide d'un gros bâton, empêchait les gens de trop s'approcher. Au moment où il allait nous faire circuler, mon amie, une doctoresse égyptienne lui a dit : « Laissez-la passer, c'est une Française ! » J'ai vu les traits du gardien se convulser d'horreur. « Une Française au Hadj ! » s'est-il écrié. Je l'ai regardé droit dans les yeux et je lui ai récité, en arabe, la prière sur le Prophète : « O Dieu ! Bénis ton Prophète... » Du coup, il a laissé tomber son bâton, m'a prise par la main, m'a collée contre la tombe et m'y a laissée aussi longtemps que je l'ai voulu.

Vous le voyez, l'homme que vous avez vu en rêve a eu raison de vous prédire que vous alliez aller à Médine.

Vous ne croyez pas si bien dire, car il m'est arrivé à ce propos une histoire pour le moins étonnante.

Cet homme que j'avais vu en rêve était un monsieur tout à fait banal, petit, avec une barbiche grise. J'ai donc fait mon pèlerinage et je l'ai un peu oublié. Quelques années plus tard, en Égypte, j'étais devenue très familière avec un vieux cheikh à demi aveugle. Lorsqu'il a été opéré de la cataracte, j'avais fait exprès le voyage de Paris pour être près de lui. En sortant de l'anesthésie, il m'a dit : « Enfin, ma petite fille, je vais pouvoir te voir. »

De retour au Caire, j'allais souvent dans sa zaouia. Un jour, je m'aperçus qu'il y avait sur le mur un tableau si couvert de poussière que je ne l'avais encore jamais remarqué. Un disciple qui se trouvait là et qui était, comme moi, professeur à Al Ahzar, demanda au cheikh ce que c'était que ce tableau. Le cheikh se le fit apporter, souffla dessus et, pendant un instant, mon cœur cessa de battre. C'était, trait pour trait, le portrait de l'homme que j'avais vu dans mon rêve.

Le disciple a demandé au cheikh qui c'était et celui-ci a

répondu : « Un homme très gentil : le gardien de la mosquée de Médine. Il est mort il y a dix ans. »

Il venait donc tout juste de mourir lorsqu'il m'est apparu en rêve.

D'où l'importance de se souvenir de ses rêves.

Celui-ci, oui. Vous savez, il y a deux sortes de rêves : les farfelus et ceux qui viennent de loin.

J'aimerais que vous ajoutiez encore quelques mots, que vous nous parliez du voyage intérieur que représente le pèlerinage. Comment l'avez-vous vécu et que vous a-t-il apporté ?

Vous devez avoir remarqué que je n'aime pas parler de mes sentiments profonds.

Ce que je peux tout de même vous dire, c'est que j'ai eu le sentiment d'une communion extraordinaire. Sentiment d'être une cellule d'un corps immense, l'abeille dans la ruche, le globule dans le flux sanguin. C'est tout de même une étonnante prise de conscience. La certitude d'une grande fraternité qui unit des millions d'hommes et de femmes priant de la même façon, tournés dans la même direction. Un peu, en plus fort, ce qu'on ressent lorsqu'on fait le Ramadan.

L'Islam que vous aimez ?

Oui. J'ai essayé de parler avec vous un petit peu de l'Islam tel que je le comprends, tel que le vivent et le comprennent des gens comme le cheikh Ben Tounès, mes amis soufis, tous ceux qui ont une certaine ouverture d'esprit et de cœur.

C'est cela aussi être dans l'Islam : avoir le sentiment d'appartenir à une communauté physique et mystique.

PRINCIPAUX OUVRAGES
DU MÊME AUTEUR

AUX ÉDITIONS ALBIN MICHEL

Rubâi'yât, de Djalâl-od-Dîn-Rûmî, traduit du persan.
Les Secrets du Soi et les mystères du Non-Moi, de Mohammad Iqbal, traduit du persan.
Le Livre de l'Eternité, de Mohammad Iqbal, traduit du persan.

À paraître :

La prière en Islam.
Anthologie du soufisme (rééd.).
La Roseraie du mystère, de Shabestanî, traduit du persan.
Le Livre du Dedans, de Djalâl-od-Dîn-Rûmî, traduit du persan.

CHEZ D'AUTRES ÉDITEURS

Mystique et poésie en Islam, Ed. Desclée de Brouwer.
Rûmî et le soufisme, Ed. du Seuil.
Konya et la danse cosmique, Ed. Jacqueline Renard.
La Mecque, Ed. Mondadori.
Contes soufis, Ed. Retz.
Mathnawî, de Djalâl-od-Dîn-Rûmî, traduit du persan, Ed. du Rocher.
Odes mystiques, de Djalâl-od-Dîn-Rûmî, traduit du persan, Ed. Klincksieck.
Lettres, de Djalâl-od-Dîn-Rûmî, traduit du persan, Ed. Jacqueline Renard.
Le Chant du Soleil, avec Marie-Pierre Chevrier, Ed. de la Table Ronde.

« *Espaces libres* »

au format de poche

DERNIERS PARUS

30. *Prophètes d'aujourd'hui*, de Rachel et Jean-Pierre CARTIER.
31. *Merlin l'Enchanteur*, de Jean MARKALE.
32. *L'Art de la concentration*, de Pierre FEUGA.
33. *Contes de la mort*, de Jean MARKALE.
34. *Le Destin du Monde d'après la tradition shivaïte*, d'Alain DANIÉLOU.
35. *Le Christ hébreu*, de Claude TRESMONTANT.
36. *La Femme dans les contes de fées*, de Marie-Louise von FRANZ.
37. *Mélusine ou l'androgyne*, de Jean MARKALE.
38. *La Tentation des Indes*, d'Olivier GERMAIN-THOMAS.
39. *Méditer et agir*, colloques de la Sainte-Baume.
40. *Jésus raconté par le Juif Errant*, d'Edmond FLEG.
41. *Le Zen en chair et en os*, de Paul REPS.
42. *La Clarté intérieure*, de Marc de SMEDT.
43. *L'Absurde et la Grâce*, de Jean-Yves LELOUP.
44. *Voyages et aventures de l'esprit*, d'Alexandra DAVID-NEEL.
45. *La Nuit privée d'étoiles*, de Thomas MERTON.
46. *Confidences impersonnelles*, d'Arnaud DESJARDINS.
47. *Méditation zen et prière chrétienne*, de H. M. ENOMIYA LASSALLE.
48. *Tristan et Iseut*, de Michel CAZENAVE.
49. *L'Homme aux prises avec l'inconscient*, d'Elie G. HUMBERT.
50. *La Psychologie de la divination*, de M.-L. von FRANZ.
51. *La Synchronicité, l'âme et la science*, ouvrage collectif.
52. *Islam, l'autre visage*, d'Eva de VITRAY-MEYEROVITCH.
53. *La Chronobiologie chinoise*, de Pierre CRÉPON et Gabriel FAUBERT.
54. *Sentences et proverbes de la sagesse chinoise*, choisis et adaptés par Bernard DUCOURANT.
55. *Vivre, paroles pour une éthique du temps présent*, d'Albert SCHWEITZER.

*La reproduction photomécanique de ce livre
a été réalisée par l'Imprimerie BUSSIÈRE,
l'impression et le brochage ont été effectués
sur presse CAMERON dans les ateliers de B.C.I.
à Saint-Amand-Montrond (Cher),
pour le compte des Éditions Albin Michel.*

*Achevé d'imprimer en février 1995.
N° d'édition : 14376. N° d'impression : 1/023.
Dépôt légal : mars 1995.*

.9175